¿ES JESÚS REALMENTE DIOS?

———— ◆ ————

¿ES JESÚS REALMENTE DIOS?

*Cómo la Biblia enseña la
divinidad de Jesucristo*

GREG LANIER

BHESPAÑOL.COM

¿Es Jesús realmente Dios?: Cómo la Biblia enseña la divinidad de Jesucristo

B&H Publishing Group
Nashville, TN 37234

Diseño de portada por Lindy Martin, Faceout Studios

Traducido por Gabriela de Francesco

Director editorial: Giancarlo Montemayor
Coordinadora de proyectos: Cristina O'Shee

Clasificación Decimal Dewey: 232.8
Clasifíquese: Jesucristo-divinidad/Trinidad/Dios

ISBN: 978-1-0877-3628-0

Impreso en EE. UU.
1 2 3 4 5 * 24 23 22 21

A mi esposa, Kate,
mi verdadera compañera en toda la vida

Contenido

Abreviaturas

1 En.	1 Enoc
1 Mac.	1 Macabeos
AGJU	Arbeiten zur Geschichte des antiken Judentums und des Urchristentums
AnBib	Analecta Biblica
Ant.	*Antigüedades judías* (Josefo)
BZNW	Beihefte zur Zeitschrift für die neutestamentliche Wissenschaft
DBTJ	*Detroit Baptist Theological Journal* [Boletín teológico bautista de Detroit]
De Trin.	*De Trinitate* (Hilario de Poitiers)
Dial.	*Dialogus cum Tryphone* (Justino)
Did.	Didaché
Ef.	*A los efesios* (Ignacio)
Ezeq. Trag.	Ezequiel el Tragedio
Haer.	*Adversus haereses* (Ireneo)
HBT	*Horizons in Biblical Theology* [Horizontes en teología bíblica]
JSJSup	*Supplements to the Journal for the Study of Judaism*

	[Complementos para el boletín de estudio del judaísmo]
JSNT	*Journal for the Study of the New Testament* [Boletín para el estudio del Nuevo Testamento]
JTS	*Journal of Theological Studies* [Boletín de estudios teológicos]
Leg.	*Legum Allegoriae* (Filón)
LNTS	*Library of New Testament Studies* [Biblioteca de estudios neotestamentarios]
Marc.	*Adversus Marcionem* (Tertuliano)
NovT	*Novum Testamentum*
NSBT	*New Studies in Biblical Theology* [Nuevos estudios en teología bíblica]
Paed.	*Paedagogus* (Clemente of Alejandría)
Ss. Sal.	Salmos de Salomón
Q (con número anterior)	Textos de Qumrán; es decir, los Manuscritos del Mar Muerto (por ej., 1QS; 4Q174; 4Q252; 11Q5)
Sir.	Sirácides/Eclesiástico
SJT	*Scottish Journal of Theology* [Boletín escocés de teología]
SNTSMS	*Society for New Testament Studies Monograph Series* [Serie monográfica Sociedad para estudios del Nuevo Testamento]
T. Leví	Testamento de Leví
Sab.	Sabiduría de Salomón
WUNT	Wissenschaftliche Untersuchungen zum Neuen Testament

Introducción

En una entrevista reciente con una persona que buscaba trabajar a tiempo completo en la vocación cristiana, pregunté: «¿Qué parte de la Biblia usarías para mostrar que Jesucristo es plenamente divino?». Después de una pausa incómoda, este individuo arriesgó con un dejo de vergüenza: «Eh... ¿el primer capítulo de Juan?». Por supuesto, esta es una respuesta aceptable, pero ¿hay más? Este libro apunta a preparar a los cristianos con una respuesta más sólida a esta pregunta.

¿Por qué este libro?

La confesión de que el Dios verdadero de toda la creación es trino —Padre, Hijo y Espíritu Santo— está arraigada profundamente en el suelo de la teología cristiana. Y uno de los aspectos más debatidos, y a veces desconcertante, de esta confesión es la pregunta: «¿La Escritura en realidad enseña que Jesús es plenamente Dios?».

La iglesia primitiva experimentó muchas luchas en este frente cuando Teodoto, Noeto, Arrio, Nestorio y Eutiquio (entre otros) cuestionaron de diversas maneras la plena divinidad de Jesucristo. Una serie de escritos y concilios, encabezados por un grupo prominente de padres de la iglesia primitiva (que iban desde Atanasio hasta Cirilo de Alejandría), defendieron la doctrina tradicional y declararon que estas enseñanzas contrapuestas eran inaceptables. Las doctrinas clave se cristalizaron en el Credo de Nicea (325 d.C.) y la Definición de Calcedonia (451 d.C.).

Sin embargo, los debates no se han terminado. Fuera de la iglesia, los Testigos de Jehová y los mormones rechazan la enseñanza cristiana de que Jesús sea plenamente divino. Por ejemplo, la traducción de la Biblia utilizada por los Testigos de Jehová (Traducción del Nuevo Mundo) traduce Juan 1:1: «la Palabra era un dios», adjudicándole a Jesús la condición de una criatura con características divinas o cuasiangelical, pero nada más. Es más, aunque el Corán afirma algunos datos verdaderos sobre Jesús —tal como su nacimiento de María y Su función como profeta—, el islam sostiene que confesar a Jesús como el Hijo plenamente divino de Dios es *shirk,* el pecado imperdonable de atribuirle «compañeros» a Alá (por ej., Q 'Imran 3:151; Q Nisa' 4:48). Y durante más de dos siglos, la lluvia ácida del secularismo ha erosionado directamente toda posibilidad de un ser humano divino, sosteniendo en cambio que esta doctrina se inventó cuando la teología griega pagana fue importada a la iglesia.

Incluso dentro de la iglesia, a Jesús se lo suele considerar un «humano ideal» en el mejor de los casos, o quizás sencillamente un buen maestro; en especial, dentro de las denominaciones históricas. Pero muchos cristianos evangélicos también están confundidos o muestran inconsistencias. Una encuesta de 2018 a cargo de Ligonier Ministries y LifeWay Research descubrió que casi el 95% de los que se describen como cristianos evangélicos afirman la Trinidad, pero al mismo tiempo, cerca del 80% cree que Jesucristo es el «ser primero y más supremo creado por Dios».[1] Lo impactante es que estos encuestados no parecen darse cuenta de la marcada contradicción entre estas dos posturas.

Por lo tanto, allí hay una necesidad evidente de una enseñanza fresca sobre cristología (es decir, la doctrina de la persona y la obra de Jesús). Esto podría adoptar muchas formas: recuperar las enseñanzas de Atanasio, deconstruir herejías antiguas y modernas, resumir la enseñanza ortodoxa desde el ángulo de la teología sistemática histórica o moderna, desentrañar las complejidades de Karl Barth. Cualquiera de estos caminos sería provechoso, pero este libro no se concentra en ninguno.[2]

En cambio, mi objetivo es más sencillo: no solo afirmar que, sí, la Escritura por cierto enseña *que* Jesucristo es plenamente Dios, sino también ayudar a los cristianos a entender *cómo* lo hace. Una cosa es saber la respuesta «correcta»; otra muy diferente es entender cómo los autores del Nuevo Testamento llegan allí... mostrar su obra, por así decirlo.

Esto no es nada nuevo. Muchísimos eruditos —en particular, miembros del autodenominado «club de la alta cristología temprana» (Richard Bauckham, Martin Hengel, Larry Hurtado y otros)— han explorado recientemente estas cuestiones, no solo en los credos y los padres de la iglesia, sino también en las mismas páginas de la Escritura. Sin embargo, la gran mayoría de su obra se concentró solo en un aspecto del tema o en un subgrupo de escritos (como las cartas de

---

1. Ver «*The State of Theology*», Ligonier Ministries y LifeWay Research, último acceso: 28 de octubre de 2019, www.thestateoftheology.com.

2. En sus disertaciones sobre Simon J. Kistemaker en el Seminario Teológico Reformado en Orlando (febrero de 2019), Fred Sanders comentó que la controversia de la «eterna subordinación» de 2016-2017 resultó en una gran clarificación sobre la persona de Cristo desde una perspectiva dogmática, pero que ahora se necesitan obras nuevas que prueben las cosas de manera más robusta desde una perspectiva exegética. Espero que este breve libro ayude a alcanzar ese objetivo.

Pablo), y su producción ha quedado en gran parte confinada a monografías y artículos intelectuales. Ya era hora de que estos hallazgos se pusieran al alcance de una audiencia más amplia.[3]

En resumen, mi argumento es que la plena *cristología trinitaria,* que es el fundamento del cristianismo, se encuentra en todo el Nuevo Testamento desde los primeros días, se deriva de las enseñanzas del mismo Jesús y está arraigada en el Antiguo Testamento. Dicho de otra manera, mi objetivo es ayudar a los lectores a discernir cómo los conceptos que más adelante se fusionan en los credos están allí mismo en las páginas de la Escritura desde el inicio de la iglesia cristiana.

Pero primero: la humanidad del Hijo

En vista de todo esto, a muchos cristianos les sorprende descubrir que la iglesia primitiva pasaba la misma cantidad de tiempo debatiendo si Jesucristo era *plenamente humano* (algo que casi no es un debate hoy en día) que debatiendo si era plenamente divino.[4] Si el Credo de Nicea se especializa en la cuestión de la plena divinidad de Jesús («Hijo único de Dios, nacido del Padre antes de todos los siglos [...] Dios verdadero de Dios verdadero», la Definición de Calcedonia se especializa en Su humanidad.[5] Afirma que Jesús es «el mismo perfecto en deidad, el mismo perfecto en humanidad; verdaderamente Dios y verdaderamente hombre [...] reconocido en

---

3. Larry W. Hurtado ha dado este paso para resumir 30 años de investigación sobre los patrones de adoración de la iglesia primitiva en su obra *Honoring the Son: Jesus in Earliest Christian Devotional Practice* (Bellingham, WA: Lexham, 2018). Hablaré sobre este tema en el cap. 4.

4. La controversia del docetismo —afirmar que Jesús solo *parecía* humano— surgió con Serapión (entre otros) y fue refutada en los concilios ecuménicos.

5. *Trinity Psalter Hymnal* (Willow Grove, PA: Trinity Psalter Hymnal Joint Venture, 2018), 852.

dos naturalezas, inconfundible, inmutable, indivisible, inseparable».[6]

Por lo tanto, sería un error seguir debatiendo la divinidad de Jesús sin dejar en claro que la iglesia enseñó en forma histórica que las dos naturalezas —divina y humana— no se pueden separar. Sin embargo, las dos son también *distinguibles* en diversas maneras («inconfundibles», según Calcedonia), y es valioso entender la enseñanza escritural en cuanto a ambas. Haría falta otro libro para resolver la física de *cómo* Jesucristo es plenamente humano y plenamente divino al mismo tiempo. Aquí, sencillamente examino las afirmaciones claves del Nuevo Testamento sobre Su humanidad antes de concentrarme en Su divinidad.

En primer lugar, varios pasajes afirman que Jesús es humano en el mayor sentido posible y no tan solo una aparición visible de una deidad o un ángel. Mateo 1:16, Lucas 2:6-7 y Gálatas 4:4 declaran que Jesús «nació» o que una mujer lo «dio a luz». De manera similar, Juan 1:14, 1 Timoteo 3:16 y Hebreos 2:14 afirman que Jesús «se hizo», se «manifestó» y «compartió» la misma «carne» (gr. *sarx*) que todos los seres humanos poseen. A través de los Evangelios, vemos a Jesús comer, caminar, sudar, mostrar emociones, dormir, etc. Incluso —o quizás especialmente— después de la resurrección de Jesús, los escritores de los Evangelios se esfuerzan por reiterar que Su cuerpo resucitado sigue siendo un *cuerpo* plenamente humano, aunque transformado, como vemos en Juan 20:27 (Tomás toca las cicatrices de Jesús) y Lucas 24:42-43 (Jesús come pescado). El apóstol Juan enfatiza que ha «visto» y «tocado» a Jesús (1 Jn. 1:1) y declara que cualquiera que niegue «que Jesucristo

---

6. Traducción del mismo autor del griego, proporcionada en la obra de Jaroslav Pelikan y Valerie Hotchkiss, *Creeds and Confession of Faith in the Christian Tradition*, vol. 1, *Early Eastern and Medieval* (New Haven, CT: Yale University Press, 2003), 180.

ha venido en cuerpo humano» es un engañador y el «anti-cristo» (2 Jn. 7). Por cierto, la humanidad plena de Jesús es una línea en la arena que separa el cristianismo verdadero de la incredulidad.

En segundo lugar, el Nuevo Testamento destaca maneras en que la humanidad de Jesús no solo es un hecho, sino que es central para lograr el plan redentor de Dios. Su humanidad es esencial para el cumplimiento de todo lo que se esperaba del Mesías, o liberador, *humano*. Mencionaré algunas. Jesús es:

- el profeta escatológico como Moisés (Hech. 3:22)
- un sacerdote según el orden de Melquisedec (Heb. 5:10)
- el rey como David (Mat. 21:9; Rom. 1:3) que nació de su linaje (Mat. 1:1-18)
- el ungido, o Mesías/Cristo (Luc. 2:11, 9:20; Juan 20:31)
- el segundo y más grande Adán (Rom. 5:14; 1 Cor. 15:45)
- el siervo que sufriría y moriría en lugar de otros (Hech. 8:32-33; 1 Ped. 2:22-23)
- la «raíz» de David y la «estrella» de Jacob (Apoc. 5:5; 22:16, haciendo eco de Isa. 11:1 y Núm. 24:17, respectivamente)
- el pastor del rebaño de Israel (Juan 10:14; Heb. 13:20)

Cada una está arraigada en antiguas promesas del pacto y se cumple en Cristo. Ninguna de estas cosas, estrictamente hablando, *requieren* un cumplimiento por parte de una persona plenamente divina, pero sí conciben, a menudo de manera explícita, una consumación *humana* (por ej., el derramamiento de sangre, el cumplimiento de la ley en lugar de Adán). En consecuencia, estos pasajes destacan cómo Jesucristo lleva a cabo la salvación específicamente *como mediador humano*

(1 Tim. 2:5). Sin Su plena naturaleza humana, no hay redención de los seres humanos.

Entonces, la pregunta en la que se concentra el resto de este libro es la siguiente: ¿Cómo va más allá el Nuevo Testamento y enseña que Jesús es específicamente un libertador mesiánico *divino*? ¿Cómo es que no es se trata solo de un profeta, sacerdote, rey y mediador humano, sino *más que eso*... que es plenamente Dios? Lo que me propongo demostrar es esto: la impactante «revelación» del Nuevo Testamento de que Jesús no es tan solo el Mesías, sino *más que un Mesías*.[7]

¿Cuál es el objetivo?

En este momento, uno podría interrumpir y preguntar si el Nuevo Testamento alguna vez llama «Dios» (gr. *theos*)[8] a Jesús y permitir que eso resuelva el asunto. En el capítulo 6, abordaré ese tema (y la respuesta corta es *sí*). Pero no podemos empezar por ahí. Aunque es una consideración importante, llamar *theos* a Jesús no necesariamente prueba nada. *Theos* se usaba en el mundo antiguo para el panteón, y se solía hablar de los gobernantes humanos como «divinos» o «dioses», incluidos Julio César, al cual se lo llamaba «divino Julio» (lat. *divus julius*); Octavio, llamado «hijo de un dios» (lat. *divi filius*) y Domiciano, a quien llamaban «señor y dios» (lat. *Dominus et deus*). Es más, en Hechos 14:11, las multitudes en Listra afirman que los «dioses» (gr. *theoi*) han aparecido en forma humana como Bernabé y Pablo. A los ángeles se los llama

---

7. Para tomar prestadas las palabras de Andrew Chester, «El Cristo de Pablo», en *Redemption and Resistance: The Messianic Hopes of Jews and Christians in Antiquity,* ed. Markus Bockmuehl y James Carleton Paget (Londres: T&T Clark, 2007), 121.

8. Todas las palabras griegas están transliteradas en minúscula para guardar una coherencia, incluso si se refieren a Dios. Sin embargo, las traducciones en español siguen las normas convencionales de uso de mayúsculas en referencias claras a Dios.

«dioses» en Juan 10:35. ¡Pablo incluso llama a Satanás el *theos* de este mundo (2 Cor. 4:4)!

Así que simplemente llamar «dios» a Jesús puede decir poco más de lo que los Testigos de Jehová (y Arrio mucho antes) podrían afirmar.

También hay otras ideas que debemos evitar: que Jesús es un ángel como Miguel o Gabriel, o un semidios como Hércules o Aquiles, o que empezó siendo humano y después de alguna manera se *volvió* divino más adelante. Ninguna de estas nociones captan lo que creían los primeros cristianos. Y si eso fuera lo único que encontráramos en las páginas de la Escritura, tendríamos un verdadero problema.

Es más, no estamos buscando algo que se le haya impuesto a Jesús mucho después del hecho, o algo limitado a uno o dos pasajes de prueba (por ej., Juan 1). Si Jesucristo es de verdad aquello que la iglesia cristiana ha confesado —plenamente hombre *y plenamente Dios*, tal como lo expresan los credos—, entonces esperaríamos que el mismo Jesús sostuviera esta creencia, y que fuera algo que saturara las páginas de Su Palabra revelada.

Entonces, ¿cuál es el objetivo de este estudio? Apunto a probar si la Escritura enseña realmente que Jesucristo existía antes de la creación; que es eternamente la segunda persona del Dios trino; que hay una absoluta unidad e igualdad en esencia entre el Padre, el Hijo y el Espíritu; y que las distinciones de persona no se funden (como si el Hijo fuera absorbido en el Padre o viceversa). Cualquier otra cosa no sería cristianismo ortodoxo.

El objetivo en los capítulos que siguen es demostrar que una cristología divina manifiesta se enseña a través de todo el Nuevo Testamento, concentrándonos en *cómo* lo hace la Escritura de seis maneras fundamentales (una por capítulo):

1. afirmando la preexistencia de Jesús
2. declarando que Cristo es un «Hijo» plenamente divino
3. aplicando el Antiguo Testamento de distintas maneras para mostrar que Jesús es completamente el Dios de Israel
4. describiendo la adoración temprana que se ofrecía a Jesús
5. mostrando la relación del Hijo con el Padre y con el Espíritu Santo
6. describiendo directamente a Jesús como *theos* («Dios»)

1

La preexistencia

Un Hijo eternamente vivo

La estimada trilogía de ciencia ficción *Volver al futuro* explora lo que sería para alguien viajar en el tiempo e influir en sucesos pasados de tal manera que, con el tiempo, estos cambiaran su propio futuro cuando la persona ya hubiera nacido. Aunque se presentó principalmente como una comedia, el filme plantea preguntas intrigantes respecto a lo que significa «existir» —y darle forma a la realidad (como cuando Marty McFly rescata a su padre adolescente de un accidente automovilístico)— antes de existir. Aunque las películas se quedan penosamente cortas como analogías de la existencia eterna del Hijo de Dios, sí nos llevan a pensar en la dirección correcta.

Uno de los prerrequisitos para una doctrina completa de la divinidad de Jesucristo es que Él existe eternamente en el pasado. Por definición, Dios no es un ser creado. No puede empezar a existir; Él *existe,* desde la eternidad pasada hacia la eternidad futura. Sin embargo, como vimos en la introducción, Jesucristo nació como un hombre. Para que sea divino, de alguna manera debe haber tenido también una existencia real y eterna, anterior a Su nacimiento humano a través de María. Esto es lo que se llama comúnmente *preexistencia*. Es decir, el Hijo de Dios estaba vivo y activo como un ser espiritual antes de hacerse carne en un momento particular del tiempo. No era apenas un destello en la mente de Dios, sino que era (y es, y siempre será) *real*.

El objetivo de este capítulo es desentrañar las diversas maneras en las cuales la Escritura afirma la preexistencia real, activa y celestial del Hijo dentro de la Deidad. Aunque esta preexistencia se suele pasar por alto (tal vez debido a nuestra incapacidad de conceptualizarla o al énfasis exclusivo que se hace en algunos círculos en la cruz de Cristo), espero que este estudio la coloque en el radar del público general.

Origen celestial

Empezaré examinando de dónde proviene Jesús.[1] Aunque los relatos de la infancia de Jesús que encontramos en Mateo y Lucas —y las puestas en escena navideñas a partir de entonces— dejan en claro este punto, durante Su ministerio, se cuestionó el lugar de nacimiento de Jesús. Algunas multitudes judías cuestionaban si el Mesías (gr. *christos*) vendría de Galilea, Belén o algún otro lugar (Juan 7:40-43).[2] Sin embargo, Jesús desafió sus preconcepciones al revelar a varios oponentes (aunque de manera críptica en ese momento): «Yo soy el pan

---

1. Para más detalles, ver Douglas McCready, *He Came Down from Heaven: The Preexistence of Christ and the Christian Faith* (Downers Grove, IL: InterVarsity Press, 2005).

2. Al margen, la referencia a Belén en el Evangelio de Juan puede indicar que conociera los relatos del nacimiento brindados por Mateo y Lucas.

vivo que bajó del cielo» (6:51), y «Ustedes son de aquí abajo
[...]; yo soy de allá arriba» (8:23).

No hace falta que miremos solo el Evangelio de Juan. Pablo,
que escribió años antes de que se publicara el Evangelio de
Juan, indica que los seguidores de Jesús aceptaron desde muy
temprano Su propia visión de Su lugar de origen. En Romanos 10:6, Pablo pregunta: «"¿Quién subirá al cielo?" (es decir,
para hacer bajar a Cristo)». En principio, esto podría referirse
al reinado de Cristo en el cielo después de Su ascensión, pero
también puede referirse a Su existencia original en el cielo.
Encontramos una referencia más clara en un paralelo cercano
(Ef. 4:9-10), donde Pablo describe cómo Jesús «descendió»
desde *alguna parte* a la tierra, tan solo para reascender al cielo
más tarde.

Pero aun si estos pasajes son debatibles, Pablo afirma claramente en 1 Corintios 15:47 que el Hijo de Dios es «del cielo».
No es de por aquí. Existía como una persona real, aunque sin
un cuerpo físico, en los lugares celestiales. En Juan 3:31, Juan
el Bautista (o tal vez Juan el apóstol, según si la cita termina
en 3:30 o en 3:36) afirma esto declarando que Jesús es «el
que viene de arriba» y «el que viene del cielo» (comp. 1:15).
Aunque es cierto que Jesús nació físicamente en Belén y cre-
ció en Nazaret, viene desde *antes* y desde *arriba*. En realidad,
proviene del cielo.

Si todo esto es cierto, uno esperaría que hubiera indicacio-
nes de Su hogar celestial anterior a Su nacimiento físico. Y esto
es precisamente lo que encontramos en el Antiguo Testamento.

Empecemos con la visión más famosa del Antiguo Testamento de la corte celestial de Dios: Isaías 6. El profeta Isaías
ve «al Señor excelso y sublime, sentado en un trono», y Su
«gloria» llena el templo celestial y la tierra (6:1-3). Después,
Dios habla directamente a Isaías en 6:9-10, describiendo el

rechazo que enfrentará el profeta en su ministerio. Siglos más tarde, Juan aplica este mismo texto al rechazo que Jesús mismo enfrenta en Su ministerio (Juan 12:40). Posteriormente , Juan explica que «esto lo dijo Isaías», refiriéndose a Isaías 6:9-10, el cual Juan acababa de citar, porque él (Isaías) «vio la gloria *de Jesús* y habló *de él*» (Juan 12:41). Entonces, ¿qué estaba diciendo Juan? Asombrosamente, la «gloria» que ve Isaías en la sala celestial del trono —la manifestación radiante e inefable de Dios mismo— es en realidad la «gloria» *de Jesús*. En otras palabras, Juan revela que Aquel que Isaías vislumbró en la sala del trono celestial era en realidad el Hijo preexistente de Dios en toda Su gloria. Esta es evidencia apostólica decisiva de que la manifestación celestial de Dios a un profeta del Antiguo Testamento fue en realidad la segunda persona del Dios trino.

Si seguimos la pista de Isaías por medio de Juan, podemos examinar una segunda visión celestial importante del Antiguo Testamento: Ezequiel 1. En su vistazo a la sala del trono celestial, Ezequiel, sin aliento, intenta captar de la mejor manera posible lo que no puede captarse realmente con palabras; desde tronos hasta carruajes y seres angelicales. Guarda lo mejor para el final, cuando vuelve la mirada a la expansión sobre los cielos, donde hay «algo semejante a un trono» (1:26). Aquí, en el pináculo del cielo, está Dios mismo. Pero observa cómo describe Ezequiel lo que ve: «sobre lo que parecía un trono había una figura de aspecto humano» (1:26). Luego describe la fogosa apariencia física de esta figura de aspecto humano (1:27) y concluye: «Tal era el aspecto de la gloria del Señor» (1:28). Ezequiel se esfuerza por dejar en claro que no está viendo a Dios el Padre directamente, porque nadie puede ver a Dios y vivir (Ex. 33:20). Pero ¿qué *está* viendo? La apariencia de la gloria de Dios… ¡de aspecto humano! Es Dios pero en forma humana, reinando en el cielo. De manera enigmática,

Juan usa algunos de estos descriptores de Ezequiel 1 para describir a Jesús en Apocalipsis (1:15; 2:18), aunque sin citar en forma directa. Parece probable que esta manifestación de aspecto humano de la gloria de Dios señale, una vez más, al Hijo preexistente.

Encontramos un último ejemplo en Daniel 7. Es bien sabido que Jesús se refiere habitualmente a sí mismo como el «Hijo del hombre» en el Nuevo Testamento (unas 80 veces). Aunque sigue habiendo mucho debate sobre qué quería decir Jesús con esta frase enigmática,[3] la explicación más probable es que estuviera señalando a Daniel 7, como queda en claro en Marcos 13:26 y 14:62.[4] En otra escena casi indescriptible, el profeta Daniel relata una visión del cielo, donde «se colocaron unos tronos, y tomó asiento un venerable Anciano», que apareció con fuego y el cabello blanco como la lana (Dan. 7:9). Este, por supuesto, es el mismo Dios. Pero de repente, aparece en la corte celestial «uno como un Hijo de Hombre», que se acerca al Anciano de Días y recibe «gloria» eterna y un reino sin fin (7:13-14, LBLA).

A medida que se desarrolla la historia, esta imagen adopta diversos estratos de importancia. Jesús usa «Hijo de hombre» para describir Su autoridad (por ej., Mar. 2:25-28) y sufrimiento (por ej., 9:31) en la tierra numerosas veces durante Su ministerio terrenal. «Hijo del hombre» también es una manera de captar la entronización de Jesús a la diestra de Dios inmediatamente después de Su ascensión (Hech. 7:56). Y también es una imagen escatológica del regreso de Cristo (Apoc. 14:3-14). Pero no hay ninguna razón para pensar que la multifacética

---

3. El estudio más exhaustivo y reciente es el de Mogens Müller, *The Expression "Son of Man" and the Development of Christology: A History of Interpretation* (Nueva York: Routledge, 2014).

4. Ver la defensa sólida de esta postura en Michael F. Bird, *Are You the One Who Is to Come? The Historical Jesus and the Messianic Question* (Grand Rapids, MI: Baker Academic, 2009), 79-92.

escena en Daniel 7, más de 500 años antes del nacimiento de Cristo, no era también un vistazo legítimo de la preexistencia celestial del Hijo; en particular, cuando se considera junto a Isaías 6 y Ezequiel 1.[5]

La trama se complica cuando uno considera una traducción judía temprana de Daniel 7:13 al griego, donde este «Hijo del hombre» no viene «ante» la presencia del Anciano de Días (como en el arameo y otras traducciones griegas), sino que viene «*como* el Anciano de Días», sugiriendo que los dos seres celestiales de alguna manera se identifican como uno.[6] Tal vez esto quedaría ahí si no fuera por cómo Juan, en su propia visión apocalíptica de la sala del trono, toma los atributos del fuego y el cabello blanco como la lana, que Daniel usa para el Anciano de Días, y los aplica directamente a Jesús (Apoc. 1:14), uniendo con destreza Sus identidades de una manera impresionante e impresionista.

Cuando se colocan juntas las piezas de Isaías 6, Ezequiel 1 y Daniel 7 sobre la mesa —con Juan como guía, tanto en su Evangelio como en el Apocalipsis—, empieza a emerger una imagen consistente desde el rompecabezas. Lo que estos tres profetas ven cuando pueden vislumbrar los lugares celestiales mucho antes del nacimiento físico de Jesús se entiende de alguna manera como la gloria del Hijo mismo junto al Padre. En el cielo, el Hijo ya era, en la eternidad pasada, la manifestación radiante de la Deidad. *Esa* es la preexistencia

---

5. De hecho, el «hijo de hombre» de Daniel 7 está considerado precisamente una figura preexistente en 1 En. 48:2-3 («En ese momento ese Hijo del Hombre fue nombrado en presencia del Señor de los espíritus y su nombre ante la Cabeza de los Días. Ya antes de que el sol y los signos fueran creados, antes de que las estrellas del cielo fueran hechas, su nombre fue pronunciado ante el Señor de los espíritus»), así como posiblemente en 4 Esd. 13:25-26.

6. Esta lectura se encuentra en la mayoría de los manuscritos del griego antiguo de Daniel; ver el aparato textual de *Septuaginta: Vetus Testamentum Graecum*, vol. 16.2, *Susanna, Daniel, Bel et. Draco*, ed. Joseph Ziegler y Olivier Munnich, 2da. ed., Societatis Litterarum Gottingensis (Göttingen: Vandenhoeck & Ruprecht, 1999).

celestial, el punto celestial de origen, del Jesucristo encarnado. Con razón todos estos profetas colapsaron bajo el peso de semejante visión (Isa. 6:5; Ezeq. 1:28; Dan. 7:15, 28).

«He venido»

De vez en cuando, sale una nueva película de extraterrestres. En general, la trama gira alrededor de una vida alienígena que viene a la tierra —enviada desde la nave madre— a cumplir alguna clase de misión. Lo que lleva adelante la trama es cómo su *venida* de un lugar distinto de existencia marca un profundo contraste entre humanos y extraterrestres.

Ahora bien, debo tener cuidado y enfatizar que Jesucristo no es un extraterrestre. (Como ya establecí en la introducción, Él mismo y todos los primeros cristianos lo consideraban enfáticamente humano). Pero, si de verdad *proviene* de otro lugar, no solo de Belén —si en realidad viene del cielo, de «arriba», como concuerdan los profetas, los apóstoles y el mismo Jesús—, entonces uno esperaría que hubiera alguna señal de «venida» del ámbito celestial al terrenal. Y eso es exactamente lo que transmite la Escritura.

En varios momentos, los Evangelios Sinópticos (Mateo, Marcos y Lucas) afirman que Jesús ha «venido» para lograr algo en la tierra. A primera vista, la mayoría de estas afirmaciones parece bastante común. ¿Quién no ha dicho que ha «venido» a hacer algo (por ej., «Vine a tu casa a mirar el partido de fútbol»)? Y sin duda, Jesús hace un buen uso de los verbos que transmiten esta «venida». Sin embargo, hay algunos que merecen una inspección detallada. Sugieren que Jesús ha «venido» de otra parte *a la tierra*. Y esa otra parte, como mostramos más arriba, tan solo puede ser el cielo. Por lo tanto, tales afirmaciones sobre la «venida» de Jesús desde un lugar celestial a la tierra implican Su preexistencia y, de este modo, la distinción entre Él y los demás humanos creados. Veamos varios ejemplos claves.[7]

Primero, temprano en Su ministerio, a Jesús lo confronta un espíritu inmundo en Capernaúm que lo llama «el Santo de Dios» y le pregunta: «¿Has venido a destruirnos?» (Marcos 1:24). Un encuentro similar ocurre con unos demonios en la región de los gadarenos (Mat. 8:28-29). Como seres espirituales que aparentemente solían existir en el ámbito celestial pero ahora estaban en la tierra,[8] los demonios reconocen al instante quién es este «Hijo de Dios». Esto solo tiene sentido si Jesús ya existía en el cielo. Ahora, preguntan si ha dejado el cielo y «venido» a destruirlos en la tierra «antes del tiempo señalado» (Mat. 8:29).

Segundo, Jesús hace una de Sus clásicas afirmaciones difíciles en Lucas 12:49-51 cuando declara: «He venido a traer fuego a la tierra, [...] ¿Creen ustedes que vine a traer paz a la tierra?». Mucho se debate respecto a lo que significa este «fuego» y por qué Jesús habla con tanta dureza. Para el propósito presente, la clave es que Jesús es consciente de que ha «venido» específicamente a la «tierra» a cumplir juicio. No tendría mucho sentido que un hombre común y corriente dijera que ha «venido» a traer fuego o paz a la tierra *si es de la tierra*... ¿qué significaría eso? La manera más lógica de tomar esta afirmación es que Jesús está declarando que ha «venido» desde *afuera de la esfera terrenal* para hacer algo *en la tierra*. Es más, si el «fuego» es de juicio, entonces los paralelos más cercanos a esta idea se encuentran en pasajes donde *Dios* envía

---

7. Ver el tratamiento exhaustivo de la evidencia por Simon J. Gathercole, *The Preexistent Son: Recovering the Christologies of Matthew, Mark, and Luke* (Grand Rapids, MI: Eerdmans, 2006).

8. Como puede deducirse de, por ej., Deut. 32:17; 2 Cor. 11:13-15; Apoc. 12:7-9 (aunque la evidencia es escasa).

fuego del cielo a la tierra (por ej., Gén. 19:24; 2 Rey. 1:10, 12-14; 1 Crón. 21:26; Job 1:16; Luc. 9:54; Apoc. 20:9).

Tercero, Jesús resume todo Su ministerio terrenal al afirmar: «Porque ni aun el Hijo del hombre vino para que le sirvan, sino para servir y para dar su vida en rescate por muchos» (Mar. 10:45). Aunque muchas cuestiones referentes a la expiación dependen de este versículo, me concentraré en el uso de «vino». Está claro que Jesús no está diciendo que «vino» a un lugar específico (como Capernaúm, Nazaret o Jerusalén), ya que lo que tiene en mente se extiende a toda la humanidad de alguna forma. Además, el alcance de lo que está haciendo no es «enseñar un poquito en Galilea» o «hacer un par de milagros en Betania», sino proporcionar una salvación que abarca a todo el mundo. Por tanto, lo mejor es considerar que este versículo indica que toda la misión del Hijo es «venir» de alguna parte *a la tierra* en carne a ofrecer Su vida como rescate.

En estas instancias, la Escritura registra una afirmación clara de Jesús de que ha «venido» a cumplir algo, pero ese algo presupone una distinción entre el cielo y la tierra (como en los primeros dos ejemplos) o un alcance a toda la tierra (como en el tercero). Estas afirmaciones de «he venido a hacer X» equivalen a más de lo que cualquier humano, o incluso una figura profética, podría decir. Sugieren que Jesús es plenamente consciente de que «viene» de afuera de la esfera humana. Es más, las afirmaciones de «he venido» de Jesús se parecen mucho a lo que los ángeles dicen cuando dejan el cielo y «vienen» a la tierra con algún propósito específico (por ej., 1 Rey. 22:19-22; Dan. 9:22-23; 10:13-14; Luc. 1:19).

Si Jesús era consciente de que «venía» de otra parte a la esfera terrenal, ¿acaso Sus seguidores compartían esa conciencia? Sí, varios ejemplos indican que lo hacían. En una de sus primeras cartas, Pablo afirma que «cuando vino la plenitud del tiempo, Dios envió a su Hijo, nacido de mujer» (Gál. 4:4, LBLA). El Hijo existía cronológicamente antes de «la plenitud del tiempo», y luego fue enviado a nacer de una mujer. Esto se reitera en Romanos 8:3, cuando Pablo indica que Dios «envió a su propio Hijo en condición semejante a nuestra condición de pecadores». La persona que conocemos como Jesús no empezó a existir cuando nació en la carne, sino que *ya era el Hijo en Su preexistencia,* y después fue «enviado» en carne. Pablo incluso transmite un «mensaje [...] digno de crédito» de los primeros cristianos sobre este movimiento desde afuera del mundo hacia él, registrando que «Cristo Jesús vino al mundo» (1 Tim. 1:15). Es más, Juan afirma dos veces que Dios «envió» a Su Hijo «al mundo» (Juan 3:17; 1 Jn. 4:9), y Hebreos 10:5 dice que «al entrar en el mundo, Cristo...». Como Pablo, tanto Juan como el autor de Hebreos afirman que el Hijo, o el Cristo, fue «enviado» o «vino» al mundo, dando a entender que venía de otra parte.

Para resumir, tanto Jesús como el círculo apostólico ofrecen varias maneras de pensar en Su preexistencia. En cuanto al tiempo, existió en la eternidad pasada y luego «vino» en un momento del tiempo. En cuanto a la ubicación, existía en el cielo antes de «venir» o de ser «enviado» a la tierra. En cuanto a la existencia, era una persona espiritual y real como «Hijo» antes de encarnarse como humano. Este origen preexistente y celestial de Jesucristo hace que sea completamente diferente de cualquier otro ser humano y crea el espacio para que sea un Dios eterno y no creado; no obstante, añadiré más detalles en los próximos capítulos para desarrollar este argumento.

Un rol activo en la vida de Israel

Si, tal como las dos secciones anteriores sugirieron, el Hijo de Dios ya existía eternamente en la esfera celestial antes de «venir» o ser «enviado» a la tierra, surge otra pregunta. ¿Qué hacía antes? Porque recordemos que no estamos explorando tan solo una clase teórica de preexistencia —como una idea en la mente de Dios— sino una preexistencia *real*. Sin duda, como humanos limitados, carecemos de la potencia mental para entender plenamente esto. Pero si Cristo tuvo una pre-existencia real y no era apenas un destello en la imaginación de Dios, uno esperaría que hubiese estado activo en el período anterior a Su nacimiento. Sorprendentemente, la Escritura sí muestra señales de la actividad preexistente del Hijo.

Empezaré mirando cómo Jesús mismo proporciona la clave para ver cómo estaba presente y activo durante la era del Antiguo Testamento. Después, sondearé otros ejemplos donde se corre la cortina para revelar un atisbo de la obra del Hijo siglos antes de Su nacimiento a través de María.

El Hijo en los Salmos

Un excelente punto de partida es cómo Jesús se lee en el Salmo 110 en Marcos 12:35-37.[9] En este influyente salmo, David escribe:

> Así dijo YHWH a mi *Adon*:
> «Siéntate a mi derecha» (Sal. 110:1, mi trad.).

Si examinamos de cerca el salmo, descubrimos que hay tres personas: YHWH (que se suele traducir «Señor» y colocar en

---

9. Para un análisis más extenso sobre este uso del Salmo 110 (y ejemplos similares) —a menudo, llamado «exégesis prosopológica»—, ver Matthew W. Bates, *The Birth of the Trinity: Jesus, God, and Spirit in New Testament and Early Christian Interpretations of the Old Testament* (Oxford: Oxford University Press, 2015); Matthew Scott, *The Hermeneutics of Christological Psalmody in Paul: An Intertextual Enquiry*, SNTSMS 158 (Cambridge: Cambridge University Press, 2014); Aquila H. I. Lee, *From Messiah to Preexistent Son: Jesus' Self-Consciousness and Early Christian Exegesis of Messianic Psalms*, WUNT, 2da ser., vol. 192 (Tübingen: Mohr Siebeck, 2005). Irineo, entre otros, apoya esta interpretación del Salmo 110 (Haer. 3.6.1).

versalita en español), el que habla; *Adoni* (en general, traducido «mi Señor», al cual YHWH le está hablando; y David,
quien registra este discurso y se refiere a *Adon* con un pronombre posesivo. En otras palabras, David está anotando algo
que YHWH le dice a su *Adon*. Aun en el contexto antiguo del
salmo en sí, esto es más bien sorprendente. Pero su belleza se
multiplica cuando Jesús revela su verdadero sentido.

En un momento clave, cuando vuelve las tornas a los oponentes religiosos que lo han provocado perpetuamente respecto
a cuestiones escriturales, Jesús pregunta:

> ¿Cómo pueden los escribas decir que el Mesías/*chris-
> tos* es el hijo de David? David mismo, por el Espíritu
> Santo, declaró:
> «El Señor dijo a mi Señor:
> "Siéntate a mi derecha"» [...].
> David mismo lo llama «Señor». ¿Cómo puede ser
> entonces su hijo? (Marcos 12:35-37, mi trad.).

Esto es un poco complejo, así que desentrañémoslo.

Jesús saca a colación la creencia común judía de que el
Mesías/*christos* es el «hijo de David».[10] Después, vuelve al
Salmo 110 y señala que David se refiere a esta figura del
Mesías, el cual está entronado a la derecha de Dios, como
«mi Señor»; es decir, *Adoni,* como mencionamos más arriba.
Entonces, concluye con una pregunta de final abierto: Si David
se refiere a esta persona como «mi Señor», ¿cómo puede ser
también su «hijo»? Después de inspeccionar un poco, se hace
evidente que Jesús está diciendo que la misma persona es simul-
táneamente (1) el «hijo de David», (2) el Mesías/*christos*, y (3)
el «mi Señor» (*Adoni*) que David describe en el Salmo 110:1.

---

10. Como está expresado en, por ej., 2 Sam. 7:12-13 y desarrollado en escritos
intertestamentarios como Ss. Sal. 17:4-46; 4Q174; 4Q252.

Y aunque Jesús deja a la audiencia con más preguntas que respuestas en este momento, los que tienen oídos para oír rápidamente se dan cuenta de que Jesús se está identificando *Él mismo* como esa persona, la cual encaja en las tres descripciones.

En otras palabras, así es como Jesús lee el Salmo 110: David, «por el Espíritu Santo», registró una conversación entre YHWH y alguien a quien David llama «mi Señor» (*Adoni*), a quien Jesús ahora revela como el «hijo de David», y el «Mesías/*christos*»; es decir, Él mismo. Todo esto, aproximadamente mil años antes de que Jesús viniera. Esta escena que se describe en el Salmo 110 ahora se revela como una asombrosamente trinitaria: el Espíritu revela que el Padre (YHWH) le habla al Hijo (el Señor de David/*Adon*) en Su preexistencia celestial y lo sienta a Su mano derecha para gobernar sobre todas las cosas. *Cuándo* sucede todo esto y *cómo* son todos los detalles son cuestiones que van más allá del alcance presente. Lo importante es que Jesús certifica directamente que Él, como el Hijo preencarnado del Padre, es Aquel a quien YHWH le habla en el Salmo 110, mucho antes de Su nacimiento humano.[11]

Este salmo no solo señala, anticipa o prefigura la venida del Hijo; *se trata profundamente sobre Él desde el principio*. Es un registro del Padre y el Hijo preexistente hablando el uno con el otro en la sala del trono celestial en un pasado lejano. Algo

---

11. El Salmo 110:1 también se cita en otras partes del Nuevo Testamento con referencia a la ascensión de Jesús después de Su resurrección (por ej., Hech. 2:34-35). Por lo tanto, parecería que Jesús y los autores apostólicos encuentran diversas maneras de interpretar el versículo: *antes* de Su muerte y resurrección, Jesús señala hacia atrás a la época de David y, de este modo, a Su existencia preencarnada (en Mar. 12); *después* de Su resurrección, otros autores del Nuevo Testamento señalan hacia delante a la ascensión. Esta doble lectura del Sal. 110 es coherente con la noción de que Cristo viene de Su trono celestial (en Su encarnación) y, en un sentido, es «re-entronado» cuando regresa al cielo (después de cumplir Su ministerio terrenal).

verdaderamente impresionante. Es más, en la antigua traducción griega del Salmo 110, a Dios se lo describe expresándole
estas palabras a la figura del Hijo/*Adoni*/Señor:

> Desde el vientre, antes de la estrella de la mañana,
> te he engendrado. (Sal. 110:3, mi trad.).

Esto también encaja con la manera en que el salmo señala el
«engendramiento» del Hijo preexistente.

Esta maravillosa revelación de Jesús de que se le está
hablando directamente a Él en este salmo influye sobre varios
autores del Nuevo Testamento. En forma periódica en el Nuevo
Testamento, se revela que Jesús, y no David o alguien más, es
el participante activo en diferentes salmos:

- Hechos 2:25-35: Pedro revela que en los Salmos 16 y
  110, «David dijo de él» (es decir, de Jesús, y no de sí
  mismo) cuando habló de la sepultura y la ascensión.
- Hechos 13:33-37: Pablo argumenta (como en el caso
  de Pedro) que los Salmos 2 y 16 no se tratan en realidad sobre David (el cual «murió, [...] y su cuerpo
  sufrió la corrupción», sino sobre Jesús.
- Romanos 15:2-3: Pablo argumenta que el Salmo 69
  habla de la autohumillación de Cristo.
- Hebreos 2:11-12: El autor describe las palabras del
  Salmo 22 como algo que Jesús pronuncia.

Estos pasajes no necesariamente comunican la preexistencia de
Cristo, pero sí expresan cómo algunos salmos, según fueron
dados originalmente, tenían un horizonte cristológico a largo
plazo en mente.

Sin embargo, un ejemplo más *sí* evoca preexistencia, como
el paralelo más cercano a la enseñanza de Jesús sobre el

Salmo 110. En Hebreos 1:8-9, el autor relata cómo Dios habla en los Salmos y observa que «al Hijo, le dice: "tu trono…"», citando el Salmo 45:6-7 (mi trad.).[12] Según Hebreos, Dios está hablando a (gr. *pros*) un «tú» en el Salmo 45, y ese «tú» es el Hijo. La probabilidad de que Hebreos esté tratando el Salmo 45 de la misma manera en que Jesús trató el Salmo 110 —es decir, diciendo que revela una conversación entre el Padre y el Hijo preexistente sobre Su trono celestial— aumenta cuando llegamos al final del capítulo (Heb. 1:13). El autor concluye su serie de citas del Antiguo Testamento precisamente con el Salmo 110, el cual Dios no les «dijo» a los ángeles sino a Su Hijo.

El Hijo en la antigua Israel

Para resumir el tema hasta ahora, he intentado demostrar que Jesús y el autor de Hebreos parecen tratar al menos algunos salmos como registros inspirados por el Espíritu sobre conversaciones anteriores entre el Padre y el Hijo en el cielo, mucho antes de que el Hijo naciera en la tierra. Pero si los israelitas como David de alguna manera tenían conciencia de semejante pluralidad intrínseca en el único Dios verdadero (aunque no queda claro cuánto entendían con su comprensión humana), ¿hay alguna evidencia de que la segunda persona de esta Deidad participara en sus vidas incluso en esa época? Por más sorprendente que parezca, la respuesta es sí. Los autores del Nuevo Testamento miran atrás y dan algunos ejemplos de la obra del Hijo preexistente en la vida de Israel.

Cuando los israelitas estaban en el desierto, Dios proveyó agua de una roca, empezando en Éxodo 17:6 y terminando en Números 20:8-11 (comp. Deut. 8:15; Neh. 9:15). Pero

---

12. «Al Hijo» capta mejor la fuerza del griego *pros ton huion* que, por ej., la versión de la NVI: «con respecto al Hijo».

Pablo revela que, en cierta manera que sigue siendo misteriosa para nosotros, «la roca era Cristo» (1 Cor. 10:4). Pablo sigue diciendo que, cuando los israelitas murmuraron contra Moisés mientras rodeaban la tierra de Edom —lo cual terminó en que Dios enviara serpientes en medio de ellos (Núm. 21:5-6)—, en realidad habían puesto «a prueba a Cristo» (1 Cor. 10:9). Pablo no le dice al lector cómo funciona esto. Sencillamente, da a entender que el Hijo preexistente estaba presente con Israel durante los altibajos de su travesía por el desierto, sosteniéndolo e incluso siendo el objetivo de sus quejas.

Judas lleva la cronología incluso más atrás en el tiempo. En un pasaje que se suele pasar por alto, probablemente escribió: «quiero recordarles que Jesús primero rescató de Egipto a la nación de Israel pero luego destruyó a los que no permanecieron fieles» (Judas 5, NTV).[13] Las repercusiones son impresionantes. Aquí, el medio hermano del Jesús terrenal dice que este mismo Jesús estaba activo como una verdadera persona divina, la cual rescató a Su pueblo en el éxodo, unos 1500 años antes de Su nacimiento físico.

Esta lectura de Judas 5 plantea otra posibilidad intrigante; en especial, si se mira en conjunto con la manera en que Pablo equipara «ángel de Dios» con Cristo (Gál. 4:14). Hace mucho que la iglesia debate si el enigmático «ángel del Señor» (o figuras similares) es en realidad una aparición preencarnada del Hijo de Dios. Según las estimaciones del mismo Moisés, es

---

13. Digo «probablemente» porque esta sección de Judas en el griego es muy espinosa. Hay más de 30 variaciones textuales de Judas 5 en los manuscritos griegos conocidos, según Barbara Aland et. al., *Novum Testamentum Graecum: Editio Critica Maior*, vol. 4.1, *Die Katholischen Briefe*, 2da ed. (Stuttgart: Deutsche Bibelgesellschaft, 2013). Muchos manuscritos dicen que «Dios» guio este éxodo desde Egipto; muchos otros afirman que es el «Señor» quien lo hizo. Pero según las investigaciones más recientes, la versión inicial más probable, escrita por Judas, es que «Jesús» es quien guio este éxodo. La edición griega académica principal se actualizó hace poco para aceptar esta lectura en lugar de «Señor», aunque muchas traducciones al inglés y español ya lo hacían.

precisamente un ángel como este el que guio al pueblo a salir de Egipto y por el desierto (Ex. 14:19; 23:20; 32:34; etc.). Por lo tanto, Judas 5 indica que el «ángel del Señor» —al menos en estas instancias— aparentemente es *la misma entidad que el Hijo preexistente de Dios*.

Otros candidatos que se suelen debatir como posibles apariciones de Cristo en el Antiguo Testamento («cristofanías») incluyen:

- los tres «hombres» angelicales en Génesis 18 (uno de los cuales es el mismo Dios)
- el «hombre» angelical que lucha con Jacob en Génesis 32
- el «ángel del Señor» que se le aparece a Moisés en la zarza ardiente en Éxodo 3
- el «hombre» angelical que está al frente de los ejércitos de Dios en Josué 5
- el «ángel del Señor» que se aparece como un «hombre de Dios» a la esposa de Manoa en Jueces 13
- el misterioso cuarto «hombre» que tenía «la apariencia de un dios» en el horno de Daniel 3
- el juez angelical en Zacarías 3

En tales pasajes, tenemos figuras angelicales que representan al Señor y que suelen compararse en forma parcial con Él, pero aún así permanecen distintas. Entonces, es lógico que la iglesia haya luchado siempre con estas escenas, preguntándose si representan un rol activo del Hijo antes de Su encarnación.[14]

---

14. Ver, por ej., Justino, *Dial.* 58–61; Ireneo, *Haer.* 3.6.1–2; Tertuliano, *Marc.* 3.9; Hilario de Poitiers, *De Trin.* 4.23-24. Estudios más recientes sobre el rol de los ángeles en la formación de la cristología temprana incluyen Peter Carrell, *Jesus and the Angels: Angelology and the Christology of the Apocalypse of John*, SNTSMS 95 (Cambridge: Cambridge University Press, 2005); Charles A. Gieschen, *Angelomorphic Christology: Antecedents and Early Evidence*, AGJU 42 (Leiden: Brill, 1998). Ten en mente que muchos estudios de «cristología angelomórfica» no coinciden con el trinitarismo ortodoxo.

La fuerza acumulativa de estos ejemplos es la siguiente: el Hijo de Dios estaba presente y activo en la vida de Israel incluso antes de Su nacimiento humano. Esto es precisamente lo que uno esperaría si por cierto fuera plenamente divino y habitara en los lugares celestiales antes del tiempo, antes de ser «enviado» al mundo. Y esta evidencia puede arrojar algo de luz sobre lo que Jesús quería decir cuando declaró: «Abraham [...] se regocijó al pensar que vería mi día; y lo vio» (Juan 8:56).

Afirmaciones explícitas de la preexistencia del Hijo

Quiero cerrar con algunas de las afirmaciones más directas de la preexistencia del Hijo en el Nuevo Testamento. Evité empezar por aquí porque establecer los cimientos utilizando otros pasajes ayuda a mostrar que estas afirmaciones no son casos aparte, sino que sencillamente corroboran la otra evidencia.

Primero, Pablo afirma sin vueltas que Jesucristo es «anterior a todas las cosas» (Col. 1:17), probablemente utilizando la preposición griega *pro* con un sentido temporal. Desde la perspectiva del tiempo, el Hijo es anterior a la creación de todas las cosas.

Segundo, Pablo echa mano de lo que probablemente era una antigua confesión cristiana cuando afirma que Cristo «fue manifestado en carne» (1 Tim. 3:16). Mientras que ya me concentré en la parte de la «carne» de este versículo, aquí quiero concentrarme en esto de «manifestado». Para que Pablo y los primeros cristianos hicieran esta confesión, debían presuponer que Cristo existía desde antes. De otra manera, el uso de «manifestó» no tendría sentido. No es un verbo que se use para algo que empieza a existir de la nada; se utiliza para algo que ya existe y se revela con mayor plenitud. Por lo tanto, este pasaje sostiene que el Hijo ya existía, y *entonces* fue manifestado o revelado en carne. Esta convicción queda incluso más clara por boca de Pedro, cuando describe cómo Cristo «a quien Dios escogió antes de la creación del mundo, se ha manifestado en estos últimos tiempos» (1 Ped. 1:20). El Hijo existía antes de la creación del mundo, pero en un punto del tiempo, fue «manifestado» (el mismo verbo que más arriba) en la tierra.

Tercero, Pablo escribe cómo «Jesucristo, [...] aunque era rico, por causa de ustedes se hizo pobre» (2 Cor. 8:9). A primera vista, esta parece ser sencillamente una afirmación respecto al estado económico de Jesús. Pero observa que Jesús nunca fue «rico» en esta vida terrenal, y Su nivel de vida no cambió. Nació en relativa pobreza,[15] y a lo largo de Su adultez, claramente no tuvo ninguna «riqueza» material. Entonces, ¿cuándo era «rico», según Pablo? La explicación más probable, cuando se compara este pasaje con otros de las cartas de Pablo, es que el apóstol estuviera aludiendo a las riquezas que el Hijo tenía en Su gloria preexistente, y que hacerse «pobre» se refiera a Su encarnación y sufrimiento en la tierra.

Por último, considera las afirmaciones clarísimas y de lo más asombrosas del mismo Jesús: «He bajado del cielo» (Juan 6:38); «antes de que Abraham naciera, ¡yo soy!» (8:58); y «Padre, glorifícame en tu presencia con la gloria que tuve contigo antes de que el mundo existiera» (17:5). Sería imposible encontrar afirmaciones más fuertes de una existencia real y celestial de Jesús antes de Abraham, y sí, incluso antes de la creación del mundo.

---

15. Por ej., Luc. 2:24 registra cómo José y María aparentemente ofrecieron dos aves en Jerusalén por el nacimiento de Jesús, una concesión para los pobres en Lev. 12:8.

Resumen

El quid de este capítulo ha sido esbozar cómo el Antiguo y el Nuevo Testamento afirman que el Hijo de Dios existía en la eternidad pasada antes de encarnarse y ser colocado en el pesebre de Belén. Su *verdadero* punto de origen es los lugares celestiales, algo que algunos de los profetas del Antiguo Testamento vislumbraron. Él «vino» desde el cielo, habiendo sido enviado de arriba al mundo a cumplir Su misión. Pero antes de «venir», estuvo activo en la vida de Israel, aunque a menudo detrás de escena.

Algo que llama la atención es que estas afirmaciones respecto a la preexistencia del Hijo vienen de tantos ángulos distintos en el Nuevo Testamento. Algunos pasajes son bastante directos, mientras que otros son más sutiles. Algunos autores, como Pablo, mencionan el tema con más frecuencia que otros, pero casi todos los autores del Nuevo Testamento abordan esta idea de alguna manera. Sin embargo, según lo sugiere la evidencia, Jesús mismo es la fuente de todo esto. Aunque no llevaba una etiqueta que dijera: «Soy el Hijo pretemporal y preterrenal de Dios y vengo del cielo», se acercó bastante, al usar los conceptos escriturales de Su época. Entonces, no es ninguna sorpresa que veamos que Sus seguidores reflejan la autopercepción de su Maestro de tantas maneras.

¿Y entonces?

La preexistencia del Hijo es una doctrina tan importante pero a menudo ignorada, que es necesario un momento de reflexión en el «¿y entonces?».

Muchos cristianos abordan el Antiguo Testamento con solo dos herramientas: el cumplimiento profético («lo que se predijo en aquel entonces se cumplió en Jesús») y la tipología («esta persona/lugar/cosa en la antigua Israel tenían una función redentora que culmina en Jesús»). Aunque ambas herramientas son válidas y poderosas, tienden a imponer una brecha entre la era de Israel y la encarnación de Cristo; esencialmente ignorando Su preexistencia.

El material de este capítulo tal vez ayude a la iglesia a recuperar el instinto de no ver tan solo el Antiguo Testamento como algo que *señalaba hacia delante* al Hijo de Dios (lo cual hace), sino al Hijo de Dios *activo incluso en ese entonces.* A su vez, esto debería afectar nuestra manera de predicar y enseñar a Cristo desde toda la Escritura, dándonos más herramientas para usar que simplemente esforzarnos por encontrar la cruz en cada recoveco del Antiguo Testamento.

2

Dios el Hijo

Una relación única entre Padre e Hijo

En todos los idiomas, hay términos familiares que se suelen expandir más allá de las relaciones de sangre. En inglés, a un amigo cercano se lo puede llamar *my brother* («mi hermano»). O en alemán, el país natal de una persona puede llamarse el *Vater Staat* («el estado padre») o la *Mutterland* («la tierra madre»). Pero la mayoría de las personas entiende (incluso de manera inconsciente) cuándo un término familiar se está usando para una relación literal o adoptiva, y cuándo se está extendiendo como metáfora. Y la diferencia es importante.

Por ejemplo, una fotografía famosa muestra a John F. Kennedy Jr. jugando en el piso de la Oficina Oval en la Casa Blanca cuando su padre estaba prestando servicio como presidente de Estados Unidos. Junior tenía esa clase de acceso íntimo a la figura política más poderosa de esa era porque era el hijo legítimo del presidente, porque JFK era su padre.

Comparemos esto con, por ejemplo, los incontables pequeños negocios que tienen algún nombre que termina con: «e hijos». Las demás personas incluidas en el «e» no siempre son «hijos» biológicos o adoptivos, sino que puede tratarse simplemente de empleados o amigos de la figura titular. Son «hijos» *designados,* porque eso le da cierto aire a la función que tienen en la empresa. Sin embargo, no necesariamente comparten todo lo que conlleva una verdadera relación entre padre e hijo.

Esta flexibilidad de «padre» e «hijo» se vuelve importante cuando prestamos atención a la manera en que se usan estas palabras para la Deidad en la Escritura. Una forma esencial en la cual se conoce a la segunda persona del Dios trino es «Hijo», así como «Padre» para la primera persona de la Trinidad. Estos términos son intrínsecos a la manera en que Dios se ha revelado. Pero ¿qué significa realmente «Hijo» o «Hijo de Dios» en la Escritura?

El Credo de Nicea (325 d.C.) usa la terminología de Padre-Hijo para comunicar la divinidad plena de Jesús: «Hijo único de Dios, nacido del Padre antes de todos los siglos, Dios de Dios».[1] Es decir, «Hijo de Dios» significa que Jesús tiene la misma esencia o sustancia —la misma *clase de existencia*— que el Padre divino, y la ha tenido desde la eternidad. Sin embargo, por muchos años, los eruditos del Nuevo Testamento han debatido que tal significado de «Hijo» se le impuso al término más adelante. En cambio, afirman que el Nuevo Testamento usa «Hijo de Dios» sencillamente como una denominación del cargo para un rey mesiánico humano, y no como el Hijo divinamente engendrado en el sentido de los credos.[2] La diferencia teológica es sustancial.

---

1. *Trinity Psalter Hymnal* (Willow Grove, PA: Trinity Psalter Hymnal Joint Venture, 2018), 852.

2. Los tratamientos más exhaustivos de este estilo en los últimos años son Michael Peppard, *The Son of God in the Roman World: Divine Sonship in Its Social and Political Context* (Oxford: Oxford University Press, 2011); Adela Yarbro Collins y John

Entonces, ¿quién tiene la razón? En este capítulo, me propongo demostrar que, aunque la segunda visión contiene
mucha verdad, la primera —que «Hijo de Dios» también
puede expresar el engendramiento divino de Jesús por parte
del Padre— también tiene fundamento en la Escritura. Si es
así, entonces en Nicea, el significado divino de «Hijo» no se
inventó sino que se desarrolló.

«Hijo de Dios» puede ser una calificación flexible

Entre los hallazgos significativos que salieron a la luz gracias
a la piedra de Rosetta (aprox. 200 a.C.), está la porción que
designa al rey Ptolomeo como «hijo de Ra», donde Ra es el
dios sol. Pero en realidad esto no es algo inusual para el mundo
antiguo. Diversos pueblos solían designar a sus monarcas «hijos» de los dioses de sus panteones. Esto continuó en la era gre-
corromana; recordemos del capítulo 1 que a Octavio (Augusto)
se lo designó «hijo de un dios». Sin embargo, el mero uso del
«hijo» asignado a reyes no implica que a estos monarcas se
los considerara literalmente divinos como a Ra, Zeus o quien
fuera… ni siquiera en Egipto, donde el estado de exaltación de
varios faraones era pronunciado. Más bien, el sentido era que
estos reyes derivaban su autoridad y su poder de la deidad de
manera muy especial, algo que capta el uso del término «hijo».

En el Antiguo Testamento, hay un lenguaje similar. Por
ejemplo, Dios le dice a David que su sucesor real «será mi
hijo» (2 Sam. 7:14; 1 Crón. 17:13), de lo cual se hace eco el
Salmo 2:7 y el 89:26. Esta filiación de la realeza en la vida de
Israel es una extensión de cómo Dios declara que el pueblo
mismo es Su «primogénito» (Ex. 4:22-23) y Él es su «padre»

J. Collins, *King and Messiah as Son of God: Divine, Human, and Angelic Messianic
Figures in Biblical and Related Literature* (Grand Rapids, MI: Eerdmans, 2008).

(Jer. 31:9). Por lo tanto, el rey de Israel es «hijo» de Dios como el representante de todos los israelitas, los cuales, a su vez, son «hijos» de Dios.[3] En sí, este uso del lenguaje de filiación para Israel o el rey de Israel no necesariamente supone que David, Salomón o cualquier otro sean divinos; sencillamente, refleja un patrón más amplio del uso real de «hijo» común para ese período.

A medida que el judaísmo se desarrolló, esta expresión «hijo de Dios» empezó a tomarse como algo explícitamente mesiánico. Por ejemplo, uno de los Manuscritos del Mar Muerto desarrolla 2 Samuel 7:14 de la siguiente manera: «"Él será para mí un hijo". Este es el brote de David que se levantará [...] al final de los días» (4Q174); a este «brote» se lo llama «el Mesías» en otros manuscritos (por ej., 4Q252). Es más, otro manuscrito denota a un rey escatológico como «Hijo de Dios e Hijo del Altísimo» (4Q246).

Según los patrones en el mundo antiguo y el Antiguo Testamento en sí, hay buenas razones para pensar que algunos judíos de la época de Jesús entenderían que «Hijo de Dios» no implicaba una divinidad plena, sino que se refería a alguna clase de epíteto o término mesiánico. Durante el juicio de Jesús, por ejemplo, el sumo sacerdote exige: «Dinos si eres el Mesías/*christos*, el Hijo de Dios» (Mat. 26:63, mi trad.), equiparando los términos «Mesías» e «Hijo de Dios». Antes, Natanael, Pedro y Marta trazan el mismo paralelo al confesar, respectivamente: «¡tú eres el Hijo de Dios! ¡Tú eres el Rey de Israel!» (Juan 1:49); «Tú eres el Mesías/*christos*, el Hijo del Dios viviente» (Mat. 16:16, mi trad.); y «Tú eres el Mesías/*christos*, el Hijo de Dios» (Juan 11:27, mi trad.). Y después de que Jesús es crucificado, en parte, debido a la acusación de

---

3. Ver usos similares de «hijos de Dios» para los israelitas justos en Sab. 2:12-20; 5:1-5.

que había afirmado ser el «Rey de los judíos», el centurión que vigila Su cuerpo exclama: «Sin duda, este era hijo de Dios» (Mat. 27:54, mi trad.),[4] tal vez utilizando el término en el sentido político que le era familiar como romano.

Entonces, emerge un patrón claro: a veces, en el Nuevo Testamento, «Hijo de Dios» parece ser más o menos intercambiable con «rey» o «Mesías/*christos*». Sin duda, esto es significativo, y nos muestra cómo Jesús cumple las promesas mesiánicas del Antiguo Testamento. Pero este uso no necesariamente implica una divinidad plena (ontológica).

Pero ¿qué sucede cuando los discípulos caen postrados ante Jesús en la barca, declarándolo «Hijo de Dios» (Mat. 14:33), meses *antes* de confesarlo como el «Cristo» o Mesías (Mat. 16:16)? ¿Y qué me dices de Satanás y los demonios que, con un discernimiento sobrenatural, se dirigen a Jesús como «Hijo de Dios» (Mar. 3:11; Luc. 4:3, 9)? Tales ejemplos nos impulsan a explorar si el uso de «Hijo» y «Padre» en el Nuevo Testamento puede extenderse más allá del mesianismo de la realeza a la esfera de lo divino.

Jesús expresa Su cualidad única de Hijo

Un buen lugar para empezar es con las afirmaciones del mismo Jesús. ¿Acaso usó el lenguaje de filiación tan solo para una especie de autopercepción mesiánica, o hay más?

La primera pieza de evidencia puede encontrarse en la conmovedora escena en el huerto, donde Jesús, en un momento de angustia que anticipa otro aún mayor que vendría, clama a «*Abba*, Padre» (Mar. 14:36). Esta es una ocurrencia única en los Evangelios, donde Jesús se dirige a Dios con la palabra

---

4. Muchas traducciones colocan «el» o «un» antes de «hijo de Dios» aquí, pero en el griego, no hay artículo. Entonces, es mejor omitirlo para captar la ambigüedad.

semita *abba* (transliterada al griego), a la cual se le agrega la palabra griega *patēr*. Se suele enseñar que Abba significa algo como «Papito» en español coloquial; algo que un niño diría. Lo más probable es que esto sea una exageración.[5] Ya sea que la palabra griega transliterada de Marcos refleje una forma aramea (como *'abbā*) o hebrea (como *'ābi*), de cualquier manera, la mejor interpretación es una palabra común y corriente para el «padre» de alguien, sin importar quién la pronuncie. (La presencia del «padre» griego normal junto a esto lo confirmaría).

Dicho esto, no hay por qué restarle importancia a la intimidad de esta escena. En un momento de triste presagio, Jesús clama específicamente a este Abba para que lo libre. No ruega a «Dios», al «Altísimo», al «Señor» ni al «Salvador», que también eran opciones (comp. gr. *Elōi*, «Dios mío», en Mar. 15:34). Más bien, en el momento de crisis, implora a Aquel que tiene la *relación* de «Padre» para con Él. Apela a Abba para que se acerque y haga Su voluntad, aun si esta exige la vida del Hijo. Aunque el tono de Abba no es exactamente «Papito», su uso para dirigirse a Dios con una intimidad tan profunda *sí* es algo que no tiene precedente en el judaísmo antiguo. Sería raro que un judío común y corriente de la época de Jesús se atreviera a dirigirse al Dios del universo de una manera tan familiar.

Jesús también les habla a Sus seguidores de «mi Padre» (Mat. 26:53; Luc. 22:29; 24:49; Juan 5:17; 6:40; 8:19). Dado que, en otros momentos, Jesús describe a Dios en forma colectiva como «Padre nuestro» (Mat. 6:9), este «mi» personal tiene una importancia especial. Aun cuando era pequeño, Jesús era consciente de que Su *verdadero* Padre no era José en la tierra; más bien, «mi Padre» es el mismo Dios (Luc. 2:49). Es

---

5. Ver James Barr, *"'Abbā Isn't 'Daddy'"*, JTS 39, n.° 1 (1988): 28-47.

interesante que este uso de «*mi* Padre» para referirse a Dios es algo que solo Jesús hace en el Nuevo Testamento; incluso los apóstoles evitan referirse a Dios como «mi Padre» (prefiriendo «nuestro», como en Rom. 1:7; 1 Cor. 1:3; 2 Cor 1:2; etc.). Y en el Antiguo Testamento, en los únicos casos en que aparece esta frase la pronuncia el mismo Dios, como una especie de promesa futura (Sal. 89:26) o situación hipotética (Jer. 3:19). Así que el uso por parte de Jesús es casi sin precedente.

Es más, en varias instancias, Jesús va un paso más allá y denota que Su verdadero Padre es «mi Padre *que está en el cielo*», indicando que tiene una relación de filiación no solo con alguien de «abajo» sino de «arriba» (Mat. 7:21; 10:32; 12:50; 16:17; 18:19). Y por último, Jesús se refiere a sí mismo como «el Hijo» y a Dios específicamente como «el Padre» (Mar. 13:32).

A través de Su ministerio terrenal, Jesús sugiere que tiene una relación única con el Padre, el cual es específicamente «suyo». La identidad de uno define la del otro: el Padre celestial es específicamente *su Padre,* y Jesús es específicamente *el Hijo* de ese Padre. Entonces no es ninguna sorpresa que en la visión apocalíptica de Juan, el Jesús exaltado vuelve a referirse a «mi Padre» de una manera única y exclusiva (Apoc. 2:27; 3:21).

El Padre se dirige al Hijo

Si Jesús afirma Su condición única de Hijo, ¿acaso el Padre le devuelve el favor, por así decirlo? Claro que sí, en varios momentos.

Primero, en el relato de Mateo del nacimiento, el ángel le manda a José que escape del plan asesino de Herodes huyendo a Egipto con María y el pequeño Jesús. Tiempo después, ya era seguro que regresaran. De manera intrigante, Mateo aplica Oseas 11:1 a aquella situación (Mat. 2:14-15); concretamente, cuando Dios dice: «De Egipto llamé a mi hijo», se está refiriendo, en última instancia, a *este Hijo*, el pequeño de María. Esta maniobra por parte de Mateo es bastante compleja, pero queda claro lo siguiente: mediante la antigua profecía de Oseas, Dios el Padre declara que el niño Jesús es, en un sentido profundo, «mi Hijo».[6]

Segundo, Dios vuelve a hablar cuando Jesús empieza Su ministerio terrenal. Cuando muchos judíos acudían en masa donde estaba Juan el Bautista cerca del río Jordán para que los bautizara, Jesús hizo lo mismo. Lucas registra que, aunque Jesús está dirigiéndose a Su Padre en oración, el Padre responde en forma audible desde el cielo: «Tú eres mi Hijo amado; estoy muy complacido contigo» (Luc. 3:22). Aunque esta escena del bautismo marca a Jesús como el Salvador ungido en la inauguración de Su ministerio (haciendo eco del Salmo 2), este fuerte lenguaje paterno que prorrumpe desde el cielo —«mi Hijo amado»— parece señalar más allá del horizonte de un salvador humano y terrenal.

Por último, este diálogo vuelve a ocurrir en la transfiguración de Jesús. Cuando Pedro, Jacobo y Juan pueden vislumbrar la gloria futura de Jesús (algo que se evoca en 2 Ped. 1:16-18), la voz del Padre vuelve a irrumpir. Respecto al transfigurado, declara: «Este es mi Hijo amado. ¡Escúchenlo!» (Mar. 9:7).

---

6. Este uso de Os. 11:1 por parte de Mateo es algo notorio en los estudios modernos del Nuevo Testamento; en particular, para aquellos que creen que Mateo seguramente esta haciendo un (mal) uso del pasaje solamente como una profecía *mesiánica,* cuando que Os. 11 no es en realidad mesiánico. Pero esta tensión se resuelve fácilmente cuando uno se da cuenta de que esto no es necesariamente lo que Mateo está haciendo. En cambio, está presentando a Jesús como la personificación o el representante de Israel, y en ese sentido, es el verdadero «hijo» de Os. 11. Esta temática continúa cuando Jesús se une a los judíos arrepentidos y recibe el bautismo de Juan, pasa 40 días en el desierto, asciende a la montaña a predicar la ley de Dios, etc.

Una vez más, desde la perspectiva del padre, Jesucristo es específicamente *Su* «Hijo».

En resumen, la manera en que el Padre se dirige a Jesús como «Hijo» es un indicador preciso y especial de la relación que tienen el uno con el otro; tal es así que el autor de Hebreos enfatiza que Dios nunca se dirige a los ángeles sino tan solo a Jesús como «Hijo» (Heb. 1:5).

La unidad del Padre y el Hijo

La cúspide de estas declaraciones sobre cómo el Hijo y el Padre comparten en forma única este fuerte vínculo se encuentra en el Evangelio de Juan.

Jesús habla sobre cómo, en la eternidad pasada, aprendió del Padre lo que proclamaría al venir a la tierra: «lo que le he oído decir es lo mismo que le repito al mundo [...] hablo conforme a lo que el Padre me ha enseñado. [...] Yo hablo de lo que he visto en presencia del Padre» (Juan 8:26, 28, 38). Aunque la enseñanza del Padre al Hijo y el Hijo que la escucha podrían referirse, en teoría, a la vida de oración de Jesús y Su estudio de la Torá, la expresión «lo que he visto» señala casi por necesidad a la entronización preexistente del Hijo junto al Padre, donde compartían juntos todas las cosas (ver cap. 1).

Jesús va un paso más allá en una discusión con Sus oponentes sobre si era realmente el Mesías/*christos* (Juan 10:24). Como solía hacer, lleva el asunto en una dirección que probablemente ellos no esperaban. De manera algo indirecta, afirma que Sus obras poderosas prueban que por cierto es el Mesías. Pero después, expande la categoría de ellos para «Hijo de Dios» (10:36), al decir: «El Padre y yo somos uno» (10:30) y «el Padre está en mí, y que yo estoy en el Padre» (10:38). Ningún simple rey humano podría hacer semejante declaración: ser uno con Dios, como Padre e Hijo, de manera misteriosa, mutuamente, uno «en» el otro. Más adelante, repite esta afirmación cuando, directamente dirigiéndose a Dios esta vez, declara: «Padre, así como tú estás en mí y yo en ti [...] nosotros somos uno» (17:21-22). Por último, recuerda cómo, cuando Jesús habla de Sus propios momentos de preexistencia anteriormente (17:5), se dirige a Su «Padre» y ruega: «glorifícame [...] con la gloria que tuve contigo», reiterando la intimidad de la relación entre ellos incluso antes de la creación.

Tal como con varios ejemplos mencionados en el capítulo 1 de este libro, muchos eruditos del Nuevo Testamento pisan el freno en este punto y afirman que estas declaraciones fueron inventadas y adjudicadas a Jesús más adelante. Pero, sin adentrarnos demasiado en estas aguas, me gustaría ofrecer un pasaje clave para demostrar lo razonable de pensar que las ideas expresadas en Juan 8, 10 y 17 reflejan lo que Jesús enseñó. Tanto en Mateo (11:25-27) como en Lucas (10:21-22), Jesús hace una declaración que está ampliamente aceptada como auténtica, incluso entre los eruditos más críticos.[7] A este dicho se lo suele llamar el «meteorito joánico», porque parece que encajaría en el Evangelio de Juan, pero en cambio, irrumpe en dos de los Evangelios Sinópticos. Vale la pena citarlo completo:

> En aquel momento Jesús, lleno de alegría por el Espíritu Santo, dijo: «Te alabo, Padre, Señor del cielo y de la tierra, porque habiendo escondido estas cosas de los sabios e instruidos, se las has revelado a los que son como niños. Sí, Padre, porque esa fue tu buena

---

7. Hace mucho tiempo que se considera (por parte de eruditos que sostienen una visión particular de los orígenes de los Evangelios Sinópticos) que ha sido parte de la fuente «Q» anterior a los Evangelios.

voluntad. Mi Padre me ha entregado todas las cosas. Nadie sabe quién es el Hijo, sino el Padre, y nadie sabe quién es el Padre, sino el Hijo y aquel a quien el Hijo quiera revelárselo» (Luc. 10:21-22).

Observa el lenguaje intenso entre Padre e Hijo. Jesús le da gracias al Padre por revelarse al Hijo, de tal manera que nadie puede entender al Padre excepto a través del Hijo. Esta es una afirmación impresionante. Infinitamente más que incluso la más devota de las relaciones matrimoniales o de amistad, la esencia de su relación como Padre e Hijo es una de *conocimiento* mutuo, de *revelación* mutua. El Padre conoce al Hijo de una manera exclusiva, y el Hijo conoce al Padre en una manera exclusiva. Ninguna otra figura, de la realeza o no, puede acercarse a la singularidad de esta relación divina. Esa es la esencia de lo que son como Padre e Hijo. Es la definición de Su existencia. Es lo que significa ser el Dios trino. Las personas se conocen y se revelan de manera exhaustiva la una a la otra. El meteorito joánico es una de las expresiones más sublimes de la cristología divina encontrada en las antiguas tradiciones de Jesús detrás de los Evangelios Sinópticos.

Y que Juan 10:15 registre lo mismo («el Padre me conoce a mí y yo lo conozco a él») es una sólida evidencia de que estas afirmaciones tan sorprendentes del Evangelio de Juan no son inventos imaginativos, sino que se remontan a las palabras mismas de Jesús.[8]

Entonces, ¿qué significa «Hijo de Dios» según estos ejemplos? Significa que el Padre y Su Hijo comparten una relación divina como ninguna otra.

---

8. Para un mayor desarrollo de esta idea, ver Mark Goodacre, *"Johannine Thunderbolt or Synoptic Seed? Matt. 11:27 // Luke 10:22 in Christological Context"* (artículo presentado en la Reunión Anual de la Sociedad de Literatura Bíblica, San Antonio, TX, noviembre de 2016).

Un Hijo eternamente engendrado

Empecé este capítulo hablando sobre cómo «Hijo de Dios» puede usarse esencialmente de dos maneras. Primero, en forma similar a cómo este lenguaje funcionaba en el mundo antiguo y el Antiguo Testamento, «Hijo de Dios» *puede* sencillamente denotar a un rey o mesías, y se aplica de esta manera a Jesús en ciertas instancias del Nuevo Testamento. Pero segundo, he intentado demostrar que este lenguaje de «Hijo de Dios» puede ir más allá del mesianismo. También se usa en el Nuevo Testamento para mostrar cómo el Hijo comparte plenamente lo que hace que el Padre sea Dios. Es una manera de expresar una relación eterna que comparten incluso desde antes del nacimiento carnal de Jesús. Hay algunos pasajes más que nos ayudan a conectar todo esto.

Como analizamos en el capítulo 1, cuatro versículos que tratan con la manera en que Jesús ha «venido» o fue «enviado» al mundo también presentan lenguaje de «Hijo» (Juan 3:17; Rom. 8:3; Gál. 4:4; 1 Jn. 4:9). A estos, podemos añadir la frase más precisa «Hijo de Dios», reflejada en 1 Juan 5:20, donde el apóstol escribe: «sabemos que el Hijo de Dios ha venido». Observa la secuencia: esta persona *ya era* el «Hijo de Dios» y luego vino (en carne). No se transformó en el «Hijo de Dios» cuando lo designaron como rey mesiánico, sino que ya era el «Hijo de Dios» antes de venir. Dicho de otra manera, este pasaje, junto con los otros cuatro, deja en claro que «Hijo de Dios» no es tan solo un rótulo mesiánico sino que señala a la esencia divina de este «Hijo», ya que «Hijo» es esencial para Su identidad mucho antes de Su venida a la tierra.

En otra parte, Pablo refleja la misma lógica. En Romanos 1:3b-4, describe los dos aspectos principales del ministerio de Jesús: Su misión mesiánica como heredero real

—«de la descendencia de David según la carne»— y Su exaltación como «Hijo de Dios con poder [...] por la resurrección de entre los muertos» (LBLA). En la superficie, parece que esta segunda cláusula, donde se usa «Hijo de Dios», indica que Jesús fue transformado o adoptado luego de Su resurrección... y que antes no era «Hijo de Dios». Sin embargo, esta no es la lectura correcta.[9] Pablo claramente afirma que Jesús es «declarado» (gr. *horisthentos*)) «Hijo de Dios con poder» (LBLA). Aquí, «declarado» y «con poder» son clave: la resurrección y la ascensión de Jesús no lo transforman en el «Hijo de Dios» (como si antes no lo hubiera sido), sino que señalan Su *poder* sobre todo el universo después de completar la salvación. Es importante que este doble movimiento de humillación-exaltación en Romanos 1:3b-4 se apoya en una afirmación clave de 1:3a. Pablo escribe que Dios prometió de antemano el evangelio en las santas Escrituras y que este evangelio era «acerca de Su Hijo» (LBLA). Él *ya era* —y siempre fue— el «Hijo» divino antes de Su ministerio terrenal (1:3a), y *después* se encarnó como el Mesías davídico, murió, resucitó y volvió a ser restituido con pleno poder (1:3b-4).

Veamos una última evidencia. Como es bien sabido, el apóstol Juan declaró cinco veces que Jesús es el *monogenēs* de Dios. Se ha debatido mucho si *monogenēs* se interpreta mejor como «unigénito» o «único», de ahí a que varíen las traducciones en español.[10] Veamos cómo se expresa cada una para arrojar algo de luz sobre el tema (en cada caso, es mi traducción):

---

9. Michael F. Bird provee un examen más minucioso de esta clase de cristología «adopcionista» en *Jesus the Eternal Son: Answering Adoptionist Christology* (Grand Rapids, MI: Eerdmans, 2017).

10. Entre las traducciones comunes de *monogenēs* se encuentran «unigénito» (RVR1960, NVI, LBLA) e «Hijo único» (DHH, NTV). El análisis más exhaustivo y reciente de esta palabra es el de Charles Lee Irons, *"A Lexical Defense of the Johannine 'Only Begotten'"*, en *Retrieving Eternal Generation*, ed. Fred Sanders y Scott R. Swain (Grand Rapids, MI: Zondervan, 2017), 98-116.

- Juan 1:14: «gloria como *monogenēs* del Padre»
- Juan 1:18: «*monogenēs* [...] que está a la diestra del Padre»
- Juan 3:16: «dio a Su Hijo *monogenēs*»
- Juan 3:18: «el nombre del *monogenēs* Hijo de Dios»
- 1 Juan 4:9: «Dios envió a Su Hijo *monogenēs* al mundo»

En las últimas tres instancias, la palabra «Hijo» se usa explícitamente, mientras que «Padre» aparece en las primeras dos. Entonces, en los cinco versículos, ya está presente el lenguaje que marca la relación de Padre-Hijo. Por lo tanto, *monogenēs* añade algo nuevo. Está haciendo una declaración más potente de lo que podría hacer «Hijo» por sí solo. Jesucristo es, de manera *singular* y *única,* el «Hijo» del Padre. Desde antes de todos los tiempos, Él y solo Él está definido, desde la esencia misma de Su sustancia, como el Hijo sin paralelo del Padre.

Así que en realidad no importa si la palabra *monogenēs* debiera traducirse «unigénito» por sí sola. El término destaca a la segunda persona de la Trinidad como Aquel que es singularmente del Padre, y comparte una unidad definida con Él. Su existencia es y siempre fue la de un «Hijo» eterno en relación con Su «Padre» eterno. Y esa es la esencia del «engendramiento» divino en primer lugar.

Resumen

En este capítulo, he apuntado a demostrar cómo «hijo de Dios» (como rótulo real) sufrió una profunda transformación a «Hijo de Dios» (como indicativo de divinidad) en manos de los autores del Nuevo Testamento. ¿Qué los llevó a esta conclusión?

Sin duda, el encuentro apostólico con la persona real y las enseñanzas de Jesús fue el factor decisivo para que saltaran esta brecha. No obstante, uno también podría mirar el Antiguo Testamento como una fuente que les dio un empujoncito en esta dirección. Tal vez la influencia potencial más impresionante es Isaías 9:6-7. Aunque este texto no se cita directamente en el Nuevo Testamento, la influencia de Isaías en los autores del Nuevo Testamento está en un segundo lugar después de los Salmos. Isaías 9 es el remate de una secuencia de promesas respecto a los hijos simbólicos, a los cuales se les dará nombres que evoquen el juicio y la restauración de Dios: «Sear Yasub» (es decir, «un remanente regresará», 7:3), «Emanuel» («Dios con nosotros», 7:14), y «Maher Salal Jasbaz» (es decir, «pronto al saqueo, presto al botín», 8:1-3). Se llega a un punto culminante cuando Isaías anuncia la venida de un «hijo» que se sentará en el trono de David para siempre (9:6-7). Hasta ahora, todo bien; esto encaja con el uso antiguo convencional de «hijo» para un rey.

Pero después, Isaías revela los nombres de este hijo simbólico: «Consejero admirable, Dios fuerte, Padre eterno, Príncipe de paz» (9:6). Estos nombres sorprendentes, en particular «Dios» y «Padre», sugieren que, en la mente de Isaías, hay algo respecto a este futuro «hijo» que trasciende todo límite humano. (No es ninguna sorpresa que los primeros traductores griegos y arameos de este pasaje tuvieran dificultad a la hora de traducir estos nombres).[11] Isaías deja la tensión misteriosamente sin resolver: El «Señor» permanece separado de este rey davídico (9:7); sin embargo, a este futuro «hijo» entronizado se lo llama «Dios» (9:6). Tal vez la sorprendente predicción de Isaías les proporciona a los autores del Nuevo Testamento y a Jesús mismo las categorías que, en el cumplimiento del

---

11. La principal tradición de Isaías en el griego traduce el nombre «Ángel de Gran Consejo»; el Tárgum Pseudo-Jonathan la traduce: «Maravilloso Consejero, Poderoso Dios que permanece para siempre, el Mesías».

tiempo, podrían usar para expresar la identidad de Jesús como el «Hijo» *divino* de la misma manera.

Entonces, tirar de todas estas hebras a la vez provee una sólida confirmación de que los padres de la iglesia no estaban innovando cuando desarrollaron los credos. Aunque parte de las expresiones particulares quizás se hayan formalizado más adelante, los autores del Nuevo Testamento —siguiendo al mismo Jesús y tal vez a Isaías— ya habían llegado a esa conclusión.

Jesús no es solamente el «Hijo de Dios» como un rey mesiánico, sino que es más que eso. También es, y siempre ha sido, «Dios el Hijo».

¿Y entonces?

Vale la pena reflexionar sobre cómo el uso de «Abba» por parte de Jesús —y la profundidad cabal de Su filiación con el Padre— podrían formar la manera en que los cristianos deberían pensar en su propia relación con el Padre. En Romanos 8:15 y Gálatas 4:6, el Espíritu nos urge a clamar a «Abba», como Jesús. En virtud de la eterna condición de hijo que tiene Jesucristo, nuestra relación con el Dios vivo ya no es la de enemigos, sino la de hijos adoptados.

3

Cristo el *Kyrios*

Cómo leer el Antiguo Testamento de una manera nueva

En la Inglaterra de fines del siglo XVIII, Josiah Wedgwood era un personaje famoso. Era un emprendedor dedicado a cerámica para el hogar, jarrones y otros artículos para el hogar, y su trabajo pionero en la comercialización en masa para vender esos productos fue en gran parte responsable de avivar la revolución de consumo de esa época.

También era un abolicionista acérrimo, dedicado a la causa de eliminar en Gran Bretaña el azote de la esclavitud. Y en 1787, encontró una manera de alcanzar a las multitudes con el mensaje. Diseñó lo que se llegó a conocer como el «medallón Wedgwood», ornamentado con la imagen de un esclavo encadenado y la declaración: «¿No soy acaso un hombre y un hermano?». De manera simultánea, el medallón apelaba hábilmente al humanismo posterior a la Ilustración (la dignidad del hombre y la hermandad de la humanidad) y a la sensibilidad que tenían por la moda las clases media y alta. Al poco tiempo, las mujeres de la alta sociedad usaban el medallón como parte de pulseras, broches y hebillas para el cabello. En síntesis, para socavar el tráfico de esclavos, Wedgwood apeló directamente a los gustos morales y de moda de las mismas clases que durante tanto tiempo habían dependido de la esclavitud para mantener su estilo de vida. El medallón usaba aquellas mismas cosas que eran importantes para las élites de la sociedad para convencerlas de cambiar de opinión.

Esta clase de maniobra —argumentar a favor de algo utilizando la materia prima proporcionada por la misma gente a la que se intenta convencer— es a la vez sutil y extremadamente poderosa. Y cuando uno observa la antigua confesión cristiana de la esencia plenamente divina de Jesucristo, esta misma maniobra está a plena vista.

La afirmación de que hay solo un Dios es central en el Antiguo Testamento y todo el pensamiento judío. Esta fuerte forma de «monoteísmo» es el sello de la religión bíblica, en particular en el mundo antiguo, tan lleno de muchos «así llamados dioses» (1 Cor. 8:5). Entonces, vale la pena preguntar: ¿Cómo expresan los primeros cristianos —la mayoría de los cuales crecieron siendo judíos y eran herederos de este fuerte legado monoteísta— su entendimiento renovado al respecto? Específicamente, ¿cómo afirman el monoteísmo *y* proclaman que Jesucristo es plenamente Dios *sin* sugerir que creen en dos o más dioses? De manera sorprendente y sumamente poderosa, usan el Antiguo Testamento para hacerlo. Para argumentar que Jesucristo es realmente Dios, usan el mismo texto fuente que afirma el monoteísmo en primer lugar.

Este capítulo evalúa cómo los autores del Nuevo Testamento, al interactuar con la Escritura de maneras profundas, dejan en claro que el único Dios verdadero revelado en el Antiguo Testamento ahora se ha revelado plenamente para incluir (y siempre incluyó) al Hijo divino. Es esencial que los autores del Nuevo Testamento utilizan el Antiguo Testamento para probar la divinidad de Jesús, porque si Él es verdaderamente Dios, tiene que ser el «Dios del Antiguo Testamento», y no solo el «Dios del Nuevo Testamento».

Llamar a Jesús «Señor»

En cualquier cultura, la manera en que llamas a una persona dice mucho sobre ella. Y en cuanto a la forma en que la Escritura se refiere a Jesús, vale la pena bajar la velocidad y examinarla de cerca.

Las palabras más comunes que se usan para referirse a Dios en el Antiguo Testamento hebreo son «Señor» (*Adonai*), «Dios» (*El* o *Elohim*) y «Señor» (YHWH). La última es la más frecuente (casi 7000 instancias) y también la más fascinante. Todavía no se sabe exactamente cómo se pronunciaba YHWH en el antiguo Israel, y con el tiempo, dentro del judaísmo, se consideró impronunciable; en cambio, se solía usar *Adonai* en su lugar.[1]

También ha sido complicado representar YHWH por escrito. Algunos judíos en el área del Mar Muerto en los siglos 200-100 a.C. dejaban un espacio donde iba la palabra YHWH y dibujaban allí letras arcaicas,[2] mientras que otros escribían * * * * en vez de las letras en sí.[3] A medida que los judíos empezaron a traducir el Antiguo Testamento hebreo al griego en una etapa temprana, algunos retuvieron YHWH con letras

---

1. El debate moderno respecto a pronunciar el nombre divino YHWH como «Yahvéh» o «Jehová» surge mayormente de la pregunta de qué vocales utilizar entre las letras («a ... e» o «e ... o ... a»).
2. Por ej., 4Q161; 11Q5.
3. Por ej., 4Q175.

hebreas.[4] Otros usaban las letras griegas *IAŌ*, para acercarse a la pronunciación aproximada.[5] Y otros imitaban la apariencia de las letras hebreas (יהוה) con los equivalentes similares en griego (ΠΙΠΙ), es decir, *PIPI*.[6]

Pero en vez de retener una palabra parecida al griego, algunos traductores judíos empezaron a sustituir YHWH con el vocablo griego para «Señor» (*kyrios*) como un reemplazo para lo que decían en voz alta (*Adonai*).[7] Ya en el primer siglo d.C., parece que esta práctica se estaba difundiendo entre los judíos de habla griega,[8] para los cuales el uso de un equivalente griego tenía más sentido que usar una palabra en un idioma (hebreo) que ya no podían hablar ni leer. Hoy en día, hacemos lo mismo en español con «Señor».

¿Por qué es importante? Sencillamente por esto: los primeros cristianos aplicaron la misma palabra Señor/*kyrios* a Jesucristo de inmediato en la iglesia primitiva. En casi todos los escritos del Nuevo Testamento y en todas las antiguas fuentes cristianas, a Jesús se lo llama Señor/*kyrios*. Y según los escritores de los Evangelios, se lo llama *kyrios* incluso durante Su ministerio terrenal (por ej., Mar. 11:3), no tan solo después. Es cierto, a veces, el uso de Señor/*kyrios* (en particular, como vocativo) puede ser sencillamente una señal de respeto, pero de ninguna manera, en los cientos de casos en el Nuevo Testamento, cae en esa categoría. Por lo tanto, la evidencia es clara de que los primeros cristianos tomaron de inmediato, y al parecer sin reparos, la que se había transformado en una

---

4. Por ej., 8HevXII; papiro Fouad 266.
5. Por ej., 4Q120 o Lev. 4.
6. Incluso Jerónimo nota esto en su epístola de 384 d.C. a Marcela.
7. Josefo, un judío griego del primer siglo, comenta: «*Adonai* en idioma hebreo significa *kyrios*». *Ant.* 5.121.
8. Por ej., Filón, *Leg.* 1.48 (utilizando *kyrios* cuando cita un pasaje del Antiguo Testamento que dice YHWH) y otros lugares; Josefo, *Ant.* 13.68-69.

palabra griega estándar para YHWH (y *Adonai*) y la aplicaron directamente a Jesucristo.

Esta práctica lleva a cierta confusión en la manera en que el Nuevo Testamento usa Señor/*kyrios:* ¿El término se refiere a Dios Padre o Dios Hijo? Lucas 1–2 proporciona un ejemplo central.[9] La palabra aparece unas 27 veces en estos dos capítulos. Está claro que se hace referencia al Padre en 23 de estos capítulos. Pero en dos casos, al Jesús no nacido (1:43) y recién nacido (2:11) se lo llama Señor/*kyrios.* Este uso paralelo de Señor/*kyrios* para tanto Dios Padre como el bebé Jesús es sin duda deslumbrante. Pero también hay dos ejemplos que nos dejan un poco en el aire: Juan el Bautista cumpliría las profecías del Antiguo Testamento al ir delante del Señor/*kyrios* (1:17, 76), pero ¿a quién se refiere? Este uso ambiguo de Señor/*kyrios* parece intencional: Lucas está sugiriendo que tanto el Padre como el Hijo son el mismo «Señor», aunque en distintas personas.

Otras señales de este uso se encuentran en el Nuevo Testamento. Por ejemplo, los autores del Nuevo Testamento se refieren en ocasión a la «palabra del Señor/*kyrios*» (Hech. 13:48-49; 1 Tes. 4:15), pero no especifican si se están refiriendo a la típica fórmula antiguotestamentaria que se usaba para la Palabra de Dios o a una palabra directamente de Jesús... o a ambas cosas. De la misma manera, el «día del Señor/*kyrios*» —una idea central prominente en el Antiguo Testamento, que se refiere al regreso y juicio de Dios— a veces se aplica directamente a Jesús (1 Cor. 1:8; 2 Cor. 1:14) pero en otras partes es ambiguo (1 Cor. 5:5; 1 Tes. 5:2).

Este uso de Señor/*kyrios* para referirse a Jesús es quizás más pronunciado en lo que parecen ser afirmaciones doctrinales

---

9. Para un desarrollo más completo, ver C. Kavin Rowe, *Early Narrative Christology: The Lord in the Gospel of Luke*, BZNW 139 (Berlín: de Gruyter, 2006).

de los primeros cristianos. Algo central a la fe del pueblo de Dios es la confesión de que el Dios verdadero es YHWH o Señor/*kyrios;* no Moloc, Baal, Dagón, Ra, Zeus ni ningún otro. Entonces, es fascinante que los primeros cristianos hayan hecho que no solo fuera una parte central de su fe confesar a Jesús como «Salvador», sino también como Señor/*kyrios.* En cuatro pasajes que pueden ayudarnos a entender mejor las creencias de la iglesia primitiva (Hech. 10:36; Rom. 10:9; 1 Cor. 12:3; Fil. 2:11), la declaración «Jesús es el Señor/*kyrios*» parece funcionar como una especie de línea en la arena para la ortodoxia temprana.

Aunque hoy en día, para los cristianos es fácil usar «Señor» para referirse a Jesús sin siquiera pensarlo, en la iglesia primitiva, era una afirmación mucho más significativa. El uso temprano, generalizado y flexible de Señor/*kyrios* —derivado de YHWH—, tanto para el Padre como para el Hijo, sugiere que los seguidores de Jesús creían que ambos eran el mismo Dios.

La aplicación de los pasajes de YHWH a Jesús

Dado que los primeros cristianos llamaban en forma unánime a Jesús el Señor/*kyrios* que conocían del Antiguo Testamento, otro patrón fascinante se hace más fácil de entender: tomar pasajes del Antiguo Testamento que se refieran explícitamente a YHWH y aplicarlos a Jesús. Examinemos algunos.[10]

Marcos empieza su Evangelio con una afirmación fascinante: el «evangelio de Jesucristo» coincide con aquello que «está escrito en el profeta Isaías» (Mar. 1:1-2). Después, vincula citas del Antiguo Testamento para mostrar *dónde* se escribió

---

10. Para detalles en tales usos del Antiguo Testamento en el Nuevo, ver especialmente David B. Capes, *The Divine Christ: Paul, the Lord Jesus, and the Scriptures of Israel* (Grand Rapids, MI: Baker Academic, 2018); Gordon Fee, *Pauline Christology: An Exegetical-Theological Study* (Peabody, MA: Hendrickson, 2007).

este evangelio de Jesús. La primera frase que aparece en Marcos («Yo estoy por enviar a mi mensajero delante de ti, el cual preparará tu camino», Mar. 1:2) está tomada de Malaquías 3:1 (y tal vez Ex. 23:20). La segunda frase en Marcos («Voz de uno que grita en el desierto: "Preparen el camino del Señor, háganle sendas derechas"», Mar. 1:3) es de Isaías 40:3. Hasta ahora, todo bien.

Pero, como siempre, deberíamos buscar esos pasajes en el Antiguo Testamento para descubrir lo que Marcos está haciendo con ellos. Y cuando lo hacemos, algo asombroso sale a la luz. En Malaquías 3:1, el que habla es YHWH, y está enviando al mensajero a ir a «que prepare el camino *delante de mí*». Lo mismo es cierto en Isaías 40:3: la voz debe «[preparar...] un camino para *el Señor* [es decir, YHWH]» y «[enderezar...] un sendero para *nuestro Dios*». Tan solo unos pocos versículos después, al heraldo se lo exhorta que clame: «¡Aquí está su Dios!» (Isa. 40:9). Observa lo que está sucediendo tanto en Malaquías como en Isaías: el mensajero va delante del *mismo YHWH*.

Entonces, Marcos está sacando un significado más pleno. Cita estos pasajes del Antiguo Testamento con Dios como el locutor, el cual envía al mensajero que se cumple en Juan el Bautista (que llega a escena en Marcos 1:4). Pero Marcos hace una modificación tanto a Malaquías como a Isaías: el «camino» y el «sendero» que en el Antiguo Testamento pertenecen al mismo YHWH ahora están dirigidos a un tercero. ¿De quién se trata? Del mismo Jesús, el cual aparece inmediatamente después de Juan el Bautista. En otras palabras, Marcos ha tomado dos pasajes importantes en el Antiguo Testamento que describen cómo un futuro mensajero preparará el camino para YHWH (no para un mesías humano, como se suele malinterpretar) y ahora ha mostrado que está preparando el camino para Jesús *como el mismísimo Dios encarnado*.[11]

Consideremos otro ejemplo. En Hechos 2, Pedro pronuncia su famoso sermón de Pentecostés. Cerca del final, exhorta a todos a invocar y bautizarse «en el nombre de Jesucristo» (2:38). ¿Por qué? Porque «todo el que invoque el nombre del Señor será salvo» (2:21). Es sencillo… hasta que te das cuenta de que está citando el Antiguo Testamento. Y si buscas el pasaje que está citando (Joel 2:28-32), descubres que Joel dice: «Todo el que invoque el nombre de YHWH será salvo» (mi trad.). ¿Ves lo que pasó? En Joel, debemos invocar el nombre de YHWH. Según la interpretación de Pedro, ahora esto se entiende como el Señor/*kyrios,* Jesucristo. Y Pablo trata este pasaje de Joel de la misma manera en Romanos 10:13. Al explicar por qué la confesión de «Jesús es Señor/*kyrios*» trae salvación (Rom. 10:9, como mencionamos antes), también equipara el «nombre de YHWH» de Joel con el nombre de Jesucristo.[12]

El libro de Apocalipsis presenta de manera sofisticada cómo el Padre y el Hijo comparten las designaciones del Antiguo Testamento para YHWH. La frase recurrente «el primero y el último» (y la forma derivada «Alfa y Omega») está tomada de Isaías 41:4; 44:6 y 48:12, pasajes que declaran enfáticamente la singularidad de YHWH como el único Dios verdadero. Pero en Apocalipsis, sucede algo interesante: esta frase se aplica a

---

11. Es más, Marcos 1:1 también presenta una variante textual conocida. Al final del versículo, algunos manuscritos dicen: «el Hijo de Dios», mientras que otros no. La investigación más reciente sugiere que lo más probable es que fuera original. Ver Tommy Wasserman, *"The 'Son of God' Was in the Beginning (Mark 1:1)",* JTS 62, n.° 1 (2011): 20-50. De cualquier manera, la introducción explosiva de Marcos a su Evangelio deja en claro que cree que Jesús es el «Hijo» divino de la manera más plena posible.

12. Ver el estudio perspicaz de C. Kavin Rowe, *"Romans 10:13: What Is the Name of the Lord?",* HBT 22, n.° 1 (2000): 135-73.

Dios Padre en 1:8, al Hijo en 1:17 y 22:13 y, al parecer, a ambos en 21:6.[13]

Se podrían mencionar otros ejemplos. Cuando Jesús inspecciona el templo y lo declara una «cueva de ladrones» (Luc. 19:45-46), está citando lo que YHWH dice sobre Su propia inspección del templo en Jeremías 7:11-15. Pablo cita Jeremías 9:24 («Si alguien ha de gloriarse, que se gloríe [...] de comprender que yo soy el Señor») pero lo aplica a Cristo en 1 Corintios 1:31. Y en 1 Corintios 2:16, «la mente del Señor» (Isa. 40:13, en la trad. griega) se transforma en «la mente de Cristo». En cada ejemplo, el Nuevo Testamento aplica sin pestañear un pasaje de YHWH del Antiguo Testamento a Cristo.

Pero se podría decir que el ejemplo más impresionante de esta clase de lectura fresca del Antiguo Testamento se encuentra en 1 Corintios 8.[14] En 8:1-5, Pablo instruye a la iglesia de Corinto respecto a la carne sacrificada a dioses paganos. Para disputar la existencia de estos ídolos, entreteje las palabras («ídolos», «dioses», «cielo», «tierra») del primer y el segundo mandamiento en Deuteronomio 5:7-8. Después, en 1 Corintios 8:6, declara lo siguiente: «para nosotros no hay más que un solo Dios, el Padre, [...]; y no hay más que un solo Señor, es decir, Jesucristo». Esta forma de expresarse está tomada del versículo monoteísta clave en el siguiente capítulo de Deuteronomio, la Shemá: «El Señor nuestro Dios es el único Señor» (Deut. 6:4, donde «Señor» en inglés representa a YHWH).

Hay cuatro pilares en esta clásica confesión: «Nuestro», «Dios», «Señor» y «único». Y los cuatro se reacomodan en la declaración de Pablo: «nosotros [...] un solo [...] Dios [...]

---

13. Una «voz que provenía del trono» lo declara (Apoc. 21:3), lo cual a esta altura de Apocalipsis está compartido entre Padre e Hijo.

14. Ver el análisis detallado en Erik Waaler, *The Shema and the First Commandment in First Corinthians: And Intertextual Approach to Paul's Re-Reading of Deuteronomy*, WUNT, 2da ser., vol. 253 (Tübingen: Mohr Siebeck, 2008).

un solo [...] Señor». A la luz de la práctica que mencionamos antes, donde la palabra griega que se usaba para traducir YHWH se aplicaba a Jesucristo habitualmente en el Nuevo Testamento, es posible seguir la pista precisa de lo que Pablo hizo:

Deuteronomio 6:4		1 Corintios 8:6
«nuestro Dios»	→	«para nosotros [...] un solo Dios, el Padre»
«es el único Señor»	→	«un solo Señor/kyrios, es decir, Jesucristo»

Pablo está esforzándose por aclarar una creencia cristiana fundamental. Seguimos siendo monoteístas que confiesan la Shemá. Pero con la venida de Cristo, el velo fue corrido, de manera que este monoteísmo se entiende con más solidez: el único «Señor/Dios» de la Shemá ahora ha revelado plenamente que es (y que siempre fue) Padre e Hijo. Al vincular cuidadosamente «Dios» con el Padre y «Señor» con el Hijo en este versículo —pero en otras partes hacer lo opuesto, vincular «Señor» con el Padre (habitualmente) y «Dios» con el hijo (ver cap. 6)—, Pablo está afirmando que «Dios» y «Señor» se refieren *tanto* al «Padre» como al «Hijo», en igual medida. Porque son uno.

Demos un paso atrás para contemplar la maestría de esta movida. Para explicar lo que quiere decir sobre la plena divinidad de Jesucristo —en un debate acerca del riesgo del politeísmo pagano—, Pablo apunta al corazón mismo del monoteísmo israelita. Revela que debería entenderse que las afirmaciones de la Shemá sobre nuestro «único Dios» verdadero incluyen al Hijo, el cual es tan «Señor» como el Padre. Es prácticamente imposible concebir una afirmación más suprema a favor de Cristo. La «división» de la Shemá por parte de Pablo (como algunos la describen) es uno de los mejores ejemplos de su cristología divina.

Es muy probable que Pablo simplemente esté tomando una página del manual de estrategias de Jesús. Recuerda que dos veces, en el Evangelio de Juan, Jesús afirma ser «uno» con «el Padre» (10:30; 17:22). Esta afirmación es probablemente una alusión a la Shemá: el atributo decisivo de *unidad* en el centro de la fe de Israel se aplica al Padre y al Hijo juntos. Son uno y a la vez son diferentes. Lo más asombroso es que se usó el Antiguo Testamento para probarlo.

De tal palo, tal astilla

Hasta ahora, he cubierto evidencia que muestra que Jesús recibe el nombre del Antiguo Testamento de la Deidad (YHWH/ *kyrios*) y que los primeros cristianos interpretaron que diversos pasajes del Antiguo Testamento hablaban de YHWH incluyendo misteriosamente al Hijo, todo esto mientras se mantiene el monoteísmo. Pero podemos llevar esta estrategia un paso más allá.

Hay ciertas cosas que solo Dios *es* o *hace,* las cuales ningún otro —ni siquiera un ángel exaltado— puede compartir. Esta realidad abre un abismo entre Dios y Sus criaturas. Y según dos patrones distintos en el Nuevo Testamento, queda claro que Jesucristo está del lado del abismo donde está Dios, donde *es* o *hace* aquello que caracteriza solo a Dios. De esta manera, se lo identifica plenamente no solo *con* sino *como* el Dios de Israel.

Las prerrogativas divinas

El primer patrón que se encuentra en el Nuevo Testamento es atribuirle ciertas prerrogativas exclusivas de Dios a Jesús.[15]

---

15. El estudio más influyente sobre este patrón para Pablo es el de Richard J. Bauckham, *Jesus and the God of Israel: God Crucified and Other Studies on the New*

Con «prerrogativa exclusiva» me refiero a una función que pertenece solamente a cierta persona, la cual no se puede delegar del todo a otra. Permíteme ilustrar este punto. El presidente de Estados Unidos tiene muchas responsabilidades que, en la práctica, son ejecutadas por otra persona. Por ejemplo, aunque el presidente es el comandante en jefe de las fuerzas armadas, en el día a día, su función la llevan a cabo distintos generales subordinados. Sin embargo, hay ciertas prerrogativas, como el derecho legislativo de veto, que pertenecen al presidente y solo al presidente, y no se pueden delegar.

En una escala mucho más grande, muchas de las acciones de Dios se llevan a cabo día a día por medio de ángeles, profetas, etc. Ellos lo representan y hacen Su voluntad; tienen una autoridad delegada por Dios. Pero Dios también tiene ciertas prerrogativas exclusivas que no se pueden compartir.

Las más decisivas son la creación y la soberanía sobre «todas las cosas», con un fuerte énfasis en «todas». Un principio central del Antiguo Testamento, así como en la literatura judía subsecuente, es que Dios y solo Dios creó «todas las cosas» y tiene autoridad absoluta sobre «todas las cosas». Es más, la creación divina de «todas las cosas» es el punto de partida de toda la revelación bíblica (Gén. 1), y no se ve a nadie en la Escritura que compita con Él por este rol.[16]

Testament's Christology of Divine Identity (Grand Rapids, MI: Eerdmans, 2008). Richard Hays aplicó las perspectivas de Bauckham a los Evangelios en *Echoes of Scripture in the Gospels* (Waco, TX: Baylor University Press, 2016).

16. El Antiguo Testamento ocasionalmente describe la «sabiduría» como algo presente e instrumental en la creación (Prov. 8:22-23), pero esto se entiende mejor no como un cuasi-ser diferente de Dios, sino como un atributo personificado de Dios. Sobre este punto, ver Larry Hurtado, *One God, One Lord: Early Christian Devotion and Ancient Jewish Monotheism* (Londres: SCM, 1988), 37-48. Para una crítica más amplia de la supuesta «cristología de la sabiduría», ver Grant Macaskill, *Revealed Wisdom and Inaugurated Eschatology in Ancient Judaism and Early Christianity*, JSJSup 115 (Leiden: Brill, 2007).

De la misma manera, si bien hay subordinados celestiales o terrenales que pueden tener una función en aspectos administrativos de la creación, designados por Dios, a Él y solo a Él se lo describe reinando y gobernando «todas las cosas»; es decir, todo el universo. Uno incluso podría decir que estas dos prerrogativas exclusivas son la prueba determinante suprema de lo que implica ser Dios. Y aunque tal vez haya sido chocante para los oídos judíos, precisamente estas dos prerrogativas exclusivas se le adjudican a Jesús desde temprano y de manera uniforme en el Nuevo Testamento.

En cuanto a la creación, el Nuevo Testamento deja en claro que el Hijo preexistente de Dios es también el Creador de todas las cosas. Hay cinco pasajes que describen la creación de «todas las cosas» (gr. *ta panta*) o «el mundo» (gr. *kosmos*), utilizando un lenguaje prácticamente idéntico. Pero mediante un uso sutil de preposiciones, atribuyen este acto de creación tanto al Padre como al Hijo:

La creación es...	«de/en» (gr. *ek/en*)	«por» (gr. *dia*)	«para» (gr. *eis*
Juan 1:3	—	Hijo	—
Rom. 11:36	Dios/Padre	Dios/Padre	Dios/Padre
1 Cor. 8:6	Dios/Padre	Hijo	Dios/Padre
Col. 1:16	Hijo	Hijo	Hijo
Heb. 1:2	—	Hijo	—

Aplicar estos tres aspectos de la creación de «todas las cosas» al Padre es bastante normal; pero aplicarlos al Hijo es trascendental. No es tan solo un «instrumento» de la creación (sea lo que sea que eso signifique), sino que es tan Creador como el

Padre. No están divididos, sino que son una unidad como un único Dios que creó «todas las cosas».[17]

Lo mismo es cierto en cuanto a la soberanía sobre «todas las cosas». Jesús afirma: «se me ha dado *toda* autoridad en el cielo y en la tierra» (Mat. 28:18). Pablo escribe que «*todas las cosas*» (tres veces) están sujetas a Cristo (1 Cor. 15:27, RVR1960), que Él está entronizado «muy por encima de *todo* gobierno y autoridad, poder y dominio», tanto ahora como en el futuro (Ef. 1:21), y que es la «cabeza de *todo* poder y autoridad» (Col. 2:10). Este uso repetido de «todo» enfatiza la realidad de que la autoridad absoluta de Jesús no tiene ningún tipo de límite. Esto solamente puede afirmarse respecto al Dios verdadero de Israel.[18] Con razón Juan ve al «Cordero» sentado en el mismo trono celestial (singular) que Dios el Padre, donde reinan sobre todas las cosas juntos como uno (Apoc. 7:17).

Algunas otras prerrogativas divinas siguen de cerca la creación y la soberanía sobre «todas las cosas». Jesucristo afirma perdonar pecados entre otras partes (no tan solo los que se cometen contra Él), algo que de inmediato lleva a Sus oponentes judíos a oponerse, diciendo: «¿Quién puede perdonar pecados sino solo Dios?» (Mar. 2:7). Cristo ejerce una extraordinaria habilidad de controlar la naturaleza y el clima (Luc. 8:24-25), algo que solo Dios hace en el Antiguo Testamento (Sal. 107:25). Jesús puede sondear los pensamientos secretos de las personas con las que se encuentra (por ej., Luc. 5:17-26; 6:6-11), una

---

17. Ver la conclusión de este libro para un debate adicional sobre la naturaleza de este acto creativo según Juan 1:1-3.

18. Algunos eruditos señalan a la entronización del «Hijo del Hombre» en 1 En. 61-62 y de Moisés en Ezeq. Trag. 66-89 como excepciones a esta regla; sin embargo, sus reinos parecen ser de una clase delegada, y aparecen puramente en visiones o sueños, no en la realidad. Ver la discusión en Richard Bauckham, *"The Throne of God and the Worship of Jesus"*, en *The Jewish Roots of Christological Monotheism: Papers from the St. Andrews Conference on the Historical Origins of the Worship of Jesus*, ed. Cary C. Newman, James R. Davila, y Gladys S. Lewis, JSJSup 63 (Leiden: Brill, 1999), 43-69.

habilidad que solo Dios posee (Mat. 6:18).[19] Nos «visitó» en juicio y salvación (Luc. 1:78; 7:16; 19:44), algo que en el Antiguo Testamento y en los escritos judíos siempre se entiende que haría el mismo Dios.[20] Cristo ejecutará el castigo final sobre los malvados «con el soplo de su boca» (2 Tes. 2:8), una prerrogativa de Dios en el Antiguo Testamento (Isa. 11:4).

Contra semejante telón de fondo, se puede ver una diestra yuxtaposición de Lucas en una luz más clara: a la liberación de demonios se la aclama al mismo tiempo como «grandes cosas [que] ha hecho Dios» y «grandes cosas [que] había hecho Jesús» (Luc. 8:39).[21]

Estas prerrogativas no son «mesiánicas» en sí. Hay muy poco en el Antiguo Testamento o el judaísmo que anticipe que una figura mesiánica realizaría estos actos divinos. Más bien, se *transforman* en mesiánicas en el Nuevo Testamento gracias a quién las realiza: Jesucristo.

Metáforas divinas

Un segundo patrón menos conocido en el Nuevo Testamento es el de tomar metáforas divinas y redirigirlas a Jesús. En décadas recientes, el estudio de metáforas en el Antiguo y el Nuevo Testamento ha cobrado nueva vida. Las metáforas son formas en que concebimos algo abstracto en términos de cosas

---

19. Este tema se detalla en Collin Bullard, *Jesus and the Thoughts of Many Hearts: Implicit Christology and Jesus' Knowledge in the Gospel of Luke*, LNTS 530 (Londres: T&T Clark, 2015).

20. Este tema de la «visitación» se encuentra en varios textos, incluidos Gén. 50:24; Isa. 10:3; Jer. 29:10-14; Sir. 35:18; Ss. Sal. 11:1-6; 4 Esd. 6:18-19; 1QS 4:18-19. Para una discusión detallada, ver Gregory R. Lainer, *"Luke's Distinctive Use of the Temple: Portraying the Divine Visitation"*, JTS 65, n.° 2 (2014): 433-62. Al tema relacionado de la «venida de Dios» lo examina Edward Adams, en *"The Coming of God Tradition and Its Influence on New Testament Parousia Texts"*, en *Biblical Traditions in Transmission: Essays in Honour of Michael A. Knibb*, ed. Charlotte Hempel y Judith M. Lieu, JSJSup 111 (Leiden: Brill, 2006), 1-19.

21. Además, estos demonios tenían miedo de que Jesús hubiera venido a echarlos «al abismo» (Luc. 8:31), una prerrogativa escatológica que solo Dios posee.

que conocemos. Por ejemplo, uno puede pensar en el matrimonio como un «viaje» (con pasajeros, un destino, etc.). O se puede pensar en una carrera como una «batalla» (al ganar un ascenso) o una «escalera» (al trepar más alto que tus compañeros). Las metáforas no son tan solo algo inteligente que hacemos con las palabras, sino que modelan y reflejan nuestra manera de concebir el mundo.

Y la Escritura está llena de ellas; en particular, en lo que se refiere a entender a Dios y relacionarse con Él. Lo que separa a la religión israelita de las demás es cómo YHWH no adopta ninguna forma física o visible. Es puramente espíritu. Pero una manera en que los autores bíblicos expresan su relación con un Dios inmaterial es a través de metáforas; es decir, describiendo Sus características abstractas mediante cosas concretas que conocemos. Por ejemplo, el Antiguo Testamento describe a Dios metafóricamente como un gigante (Jer. 20:11), una fortaleza (2 Sam. 22:2), una osa (Os. 13:8), un refinador (Mal. 3:3), un tejedor (Sal. 139:13, NVI), un león (Job 10:16), fuego (Deut. 4:24), etc. No es *literalmente* ninguna de estas cosas, porque Su pura esencia es Dios. Sin embargo, Su pueblo se relaciona con Él de maneras profundas y fundamentales al usar estas metáforas complejas para describirlo. *Pensamos* en Él como un refugio (Sal. 91:1), un escudo (Sal. 18:2), un alfarero con barro (Isa. 64:8).

En algunas instancias fascinantes, tales metáforas tan profundamente arraigadas para Dios se retoman en el Nuevo Testamento y se aplican a Jesucristo. Podemos enumerar algunas.[22]

---

22. Para más detalles, consultar Gregory R. Lanier, *Old Testament Conceptual Metaphors and the Christology of Luke's Gospel*, LNTS 591 (Londres: T&T Clark, 2018); Sigurd Grindheim, *God's Equal: What Can We Know about Jesus' Self-Understanding in the Synoptic Gospels*, LNTS 446 (Londres: T&T Clark, 2011), esp. cap. 7. Además, algunas de las metáforas de Lucas se desarrollan en Nina Henrichs-Tarasenkova, *Luke's Christology of Divine Identity*, LNTS 224 (Londres: T&T Clark, 2015), cap. 5,

En Isaías 8:14, Dios mismo es una «piedra» y una «roca» que puede proteger o aplastar a Su pueblo; al final de la parábola de los labradores (Mat. 21:44; Luc. 20:18), esta metáfora de la «piedra» se reconfigura de manera que Cristo es esa piedra que despedaza.[23] A Dios solo se lo describe como «el cuerno de mi salvación» (2 Sam. 22:3, LBLA; Sal. 18:2), pero esta metáfora de poder y salvación se aplica a Jesús (Luc. 1:69, LBLA). En varios momentos en el Antiguo Testamento, a Dios se lo interpreta metafóricamente no solo como «luz», sino de manera más específica como la «aurora» del sol, que trae salvación para Su pueblo (Deut. 33:2; Isa. 58:8; Os. 6:3; Mal. 4:2); en el Nuevo Testamento, esta vívida metáfora se le atribuye a Jesús (Luc. 1:78). A Dios se lo representa como un ave madre de los israelitas en el Antiguo Testamento (Ex. 19:4; Deut. 32:11-12; Sal. 17:8), pero Jesús toma esta metáfora para sí mismo (Mat. 23:37; Luc. 13:34).[24] A través del Antiguo Testamento, Dios se revela como el «novio» o el «esposo» de Su pueblo (especialmente en Oseas, Jeremías, Ezequiel y el Salmo 45), pero esta metáfora se aplica a Jesús varias veces (Mar. 2:19-20; Juan 3:29; Apoc. 21:2). Por último, Dios se revela como el «pastor» principal que rescata a sus ovejas perdidas (Ezeq. 34:1-16), y luego Jesús expresa Su identidad de la misma manera (Juan 10:1-18).

Sin duda, la identidad de Jesús se expresa a través de otras metáforas del Antiguo Testamento que no son divinas, tal

---

mientras que la metáfora del «novio» se analiza en detalle en Michael Tait, *Jesus, the Divine Bridegroom, in Mark 2:18–22: Mark's Christology Upgraded*, AnBib 185 (Roma: Gregorian and Biblical Press, 2010).

23. El uso de Pablo de los mismos pasajes de la piedra también alude a la identidad divina de Jesús. Primero, introduce la piedra de Isaías en Rom. 9:33, donde «el que confíe en él» de Isa. 28:16 seguramente se refiere a Dios. En Rom. 10:11, repite parte de la cita pero la redirige a Jesús como Aquel en el cual deberíamos creer.

24. Ver Jonathan Rowlands, *"Jesus and the Wings of YHWH: Bird Imagery in the Lament over Jerusalem (Matt 23:37-39; Luke 13:34–35)"*, NovT 61, n.° 2 (2019): 115-36.

como «la raíz de Isaí» (Isa. 11:10; comp. Apoc. 22:16) o león de Judá (Gén. 49:9; Apoc. 5:5). Sin embargo, las *metáforas conceptuales divinas* enumeradas aquí son un medio valioso mediante el cual los autores del Antiguo Testamento expresan algo esencial sobre Dios. Y en manos de los autores del Nuevo Testamento, son replanteadas a Jesucristo. Es decir, cuando los autores del Nuevo Testamento piensan en Dios como una piedra/roca, un cuerno, la aurora, un ave madre, un novio o un pastor, *piensan en Jesús.*

En resumen, el Nuevo Testamento emplea dos patrones —prerrogativas divinas y metáforas divinas— para demostrar una verdad clave: de tal palo, tal astilla, o de tal Padre, tal Hijo. El Nuevo Testamento revela que aquello que es exclusivo al Padre en el Antiguo Testamento incorpora al Hijo de manera poderosa. Jesús es y hace todo aquello que ningún ángel, profeta o mero mesías humano tiene el derecho ni la habilidad para hacer: es decir, las mismas cosas que constituyen al Padre como Dios.

Egō Eimi («Yo soy»)

La carga de este capítulo ha sido mostrar cómo los autores del Nuevo Testamento leen las Escrituras de Israel de manera nueva para demostrar no solo que Jesucristo es «un hombre acreditado por Dios» (Hech. 2:22), sino que es plenamente Dios. Lo sorprendente es que usan el mismo Antiguo Testamento para probar su punto. ¿De dónde sacaron semejante idea?

Es posible que simplemente estuvieran sacando a luz lo que ya estaba ahí en textos como Isaías 9:6 o Daniel 7:14, algo de lo que ya hablamos. Pero también es probable que siguieran el ejemplo de Jesús mismo; en particular, de Su famoso uso de la frase «Yo soy».

Esta frase adquiere una de dos formas. La primera es un «Yo soy ____» donde el espacio en blanco se llena con un predicativo como «el pan de vida» (Juan 6:35), «la luz del mundo» (8:12), «la puerta» (10:7), «la vid» (15:1), etc. Estas parábolas en miniatura son descripciones significativas de la riqueza de quién es Jesús.

Pero la segunda y quizás más intrigante de las formas es la frase «Yo soy» (gr. *egō eimi*) por sí sola, sin predicativo. En el griego (y en cualquier idioma), es una frase que no tiene lógica. Pero en diversas situaciones en el Nuevo Testamento, Jesús pronuncia estas dos palabras de manera que sugiere que hay algo más detrás. Cuando ejerce la prerrogativa divina de calmar la tormenta, declara: «Cálmense, *egō eimi*», lo cual hace que los discípulos queden inmediatamente «pasmados» (Mar. 6:50-51, mi trad.). Después de caminar sobre el agua, Jesús les dice a Sus discípulos: «*Egō eimi*; no tengan miedo» (Juan 6:19-20, mi trad.). La frase vuelve a aparecer cuando Jesús declara con osadía Su existencia anterior a la de Abraham (Juan 8:57-58). Durante Su arresto, dice esta frase y los soldados dan un paso atrás y se desploman (Juan 18:5-6). En medio de Su juicio, declara: «*Egō eimi*, y verán al Hijo del Hombre sentado a la diestra del poder» (Mar. 14:62, mi trad.), lo que lleva a que el sumo sacerdote lo acuse de blasfemia. Y más temprano en Su ministerio, habla con ansias de Su resurrección y ascensión y declara que en aquel día, «sabrán que *egō eimi*» (Juan 8:27-28, mi trad.). Cada uno de estos ejemplos surge como algo anormal, como si hubiera más detrás de lo evidente cuando Jesús dice: «*Egō eimi*».

Esta frase «Yo soy» se suele rastrear a la famosa escena en Éxodo 3:14, donde Dios declara Su nombre a Moisés: «Yo soy el que soy» (mi trad.). Pero la manera de expresarlo en Éxodo 3:14, tanto en el original hebreo como en la traducción griega, incluye un predicativo, así que no coincide precisamente con lo que Jesús dice en los Evangelios.[25]

Una fuente alternativa podría consistir en las declaraciones que Dios hace en otras partes del Antiguo Testamento, que coinciden mejor con la frase *egō eimi*, tanto en hebreo como en griego.[26] Por ejemplo, Dios declara: «Yo soy, y no hay ningún otro dios aparte de mí» (Deut. 32:39, mi trad.); o «Yo, el Señor, el primero y el último: Yo soy» (Isa. 41:4, mi trad.); o «Entiendan que yo soy; antes de mí, ningún dios fue formado, ni habrá ninguno después de mí» (Isa. 43:10, mi trad.). Se podrían añadir varios pasajes más de Isaías (43:25; 45:1-4, 18; 46:1-4; 48:12; 51:11-12). De manera significativa, cada una de estas afirmaciones de «Yo soy» se pronuncia en medio de una fuerte afirmación del monoteísmo, mediante la cual Dios declara que Él y solo Él es el Dios verdadero.

Más allá de cuál fuente del Antiguo Testamento sea la correcta, el uso de Jesús de esta fórmula es una maniobra impresionante: con el *egō eimi* sin predicativo, está pronunciando con Sus propios labios unas de las palabras más fuertes que usó YHWH para declarar Su singularidad al antiguo Israel.

Si esto es cierto, entonces no es ninguna sorpresa que los autores del Nuevo Testamento lean el Antiguo Testamento de una manera tan cautivadora. Jesús les señaló el camino.

---

25. El hebreo de Ex. 3:14 dice: *'ehyeh 'asher 'ehyeh,* lo cual se puede traducir «Soy lo que soy», o «Seré lo que seré»; de cualquier manera, la sintaxis no coincide con la frase joánica, aunque el segundo caso en el versículo (*'ehyeh* por sí solo) se acerca. En la traducción griega de Ex. 3:14, la lectura es *egō eimi ho ōn,* lo cual es un predicativo subjetivo obligatorio que, una vez más, no coincide con Juan.

26. La forma hebrea en estos casos es *'ani hu',* lo cual es algo como: «Yo él» o «Yo soy él», mientras que la forma griega coincide con la frase del Nuevo Testamento en forma precisa.

Resumen

Empecé este capítulo presentando el problema que enfrentaron los primeros cristianos: retener un monoteísmo estricto y declarar que Jesucristo es verdadera y plenamente Dios, evitando el politeísmo. Es decir, necesitaban evitar el extremo de presentar a Jesús como otro «dios» y el otro extremo de absorberlo totalmente en el Padre de una manera plana (como en el modalismo).

Podrían haber usado la filosofía griega; por cierto, la conocían muy bien (por ej., Hech. 17:22-31). No obstante, escogieron una estrategia mejor. Si deseas mantener la tensión de la plena deidad del Hijo junto con un estricto monoteísmo, el material fuente más estratégico es el Antiguo Testamento, el cual era la autoridad central para todos los judíos y los primeros cristianos.

¿Por qué? Al Hijo de Dios manifestado en carne en Jesucristo se lo puede considerar real y verdaderamente Dios, de la manera que más adelante se formalizó en los credos, solo si Él es y siempre ha sido el «único Dios» de Israel revelado en el Antiguo Testamento. No podía *transformarse* en eso; tenía que haberlo sido siempre. Y esto es precisamente lo que los autores del Nuevo Testamento se esfuerzan por transmitir al leer el Antiguo Testamento de una manera nueva en esta dirección. Al aplicar Señor/*kyrios,* los pasajes de YHWH, las prerrogativas divinas, las metáforas divinas y la frase «Yo soy» a Jesús, el Nuevo Testamento comunica esta verdad: Aquel que es Dios en el Antiguo Testamento era, es y siempre incluirá al Hijo como la segunda persona. Para un seguidor de Jesús del primer siglo, no hay manera más intensa de expresar todo esto que con una maniobra como la de Wedgwood de apelar directamente al Antiguo Testamento.

¿Y entonces?

En el discurso ecuménico moderno, suele surgir una pregunta: ¿los judíos y los cristianos adoran a la misma deidad? Claramente, es una pregunta muy difícil de responder, y requiere tacto y respeto mutuo.

Por un lado, el Nuevo Testamento hace un gran esfuerzo por expresar cómo el cristianismo emerge del sistema raíz del judaísmo (por ej., Rom. 11) y tiene continuidad con el antiguo Israel de muchas maneras (por ej., Gál. 3–4). Si se considera que Abraham, Moisés, David y muchos otros comparten la misma fe en Dios y herencia eterna que los cristianos, entonces es difícil contestar a esa pregunta con un firme «no».

Por otro lado, este capítulo ha analizado muchas líneas de evidencia que muestran, sin sombra de duda, que la segunda persona de la Deidad (el Hijo) es, de manera compleja, *intrínseca al Dios del antiguo Israel*. Como un monoteísmo «plano» sencillamente no puede encajar en la información del Antiguo o el Nuevo Testamento, y como el judaísmo moderno niega la deidad del Hijo, es igualmente difícil responder con un «sí» firme a la pregunta.

Al menos, el material analizado en este capítulo pone de relieve cómo el monoteísmo de los autores (mayormente judíos) del Nuevo Testamento fue cristológicamente transformado. No hay manera de evitar la realidad de que, al menos desde una perspectiva cristiana temprana, el Dios del antiguo Israel necesariamente incluye al Hijo divino… y siempre lo hizo.

4

Maranata

La adoración temprana a Cristo

Cuando nuestra hija menor tenía dos años, hicimos un viaje en familia a las montañas de Carolina del Norte. Ella nunca las había visto, así que pasamos mucho tiempo hablando maravillas del lugar. También dijimos que, cuando llegáramos allí, atravesaríamos un famoso puente que conecta dos picos montañosos. Por eso, antes del viaje, intentamos darle un concepto lo más claro posible sobre las montañas, las alturas, los puentes, la seguridad, etc.

Cuando llegó la hora del viaje, ella creía los conceptos correctos. Pero cuando nos acercamos al famoso puente, tuvo que probar lo que creía. Era la hora de la verdad. ¿Caminaría sobre el puente y confiaría en que la sostendría? Una cosa es creer ideas sobre construcción de puentes; otra muy diferente es poner en práctica esas convicciones cuando estás mirando el abismo de fondo.

Lo mismo es cierto en cuanto a la divinidad de Jesucristo. Hasta ahora, hemos cubierto tres creencias conceptuales de los primeros cristianos: que Cristo es eternamente preexistente, que tiene una relación singular de unidad con el Padre como Dios el Hijo, y que el mismo Antiguo Testamento se interpretó para incluir a Jesucristo en la Deidad. Pero en muchos aspectos, la hora de la verdad llega con las *conductas*. Específicamente, ¿los primeros cristianos probaron esas ideas y en realidad *trataban* a Jesús como Dios? ¿O era apenas un ejercicio intelectual?

Lo que espero mostrar en este capítulo es que sí, los primeros cristianos actuaban según sus convicciones al ofrecer a Jesús la plena adoración que solo le pertenece al único Dios verdadero.[1] Examinaré cinco patrones distintos de adoración y después exploraré cómo se entendía que toda la vida religiosa de los primeros cristianos estaba unida a Cristo. Pero primero, tengo que hacer una aclaración importante.

Cristo el intercesor en la adoración

En décadas recientes, se ha vuelto común que algunos eruditos del Nuevo Testamento argumenten que Cristo nunca *recibía* verdadera adoración, sino que más bien Él es el medio

---

1. Estudios influyentes sobre la adoración de la iglesia primitiva a Jesús incluyen Larry Hurtado, *Honoring the Son: Jesus in Earliest Christian Devotional Practice* (Bellingham, WA: Lexham, 2018); Hurtado, *¿Cómo llegó Jesús a ser Dios? Cuestiones históricas sobre la primitiva devoción a Jesús* (Salamanca, España: Ediciones Sígueme, 2013); Hurtado, *Señor Jesucristo: La devoción a Jesús en el cristianismo primitivo* (Salamanca, España: Ediciones Sígueme, 2008); Richard Bauckham, *"The Worship of Jesus,"* en *The Climax of Prophecy: Studies on the Book of Revelation* (Edinburgh: T&T Clark, 1993), 174-98; Martin Hengel, *"The Song about Christ in Earliest Worship"*, en *Studies in Early Christology* (Edinburgh: T&T Clark, 1995), 227-92. Consulta estas obras (en particular, las de Hurtado) para obtener detalles sobre los patrones de las observancias religiosas en el antiguo Mediterráneo en general. Aunque las prácticas devocionales —en particular, en el contexto del culto imperial— eran bastante diversas en el primer siglo, está claro que la mayoría de los judíos de esta era se rehusaban categóricamente a participar en la veneración a las deidades locales (ver 1 Mac. 1–2). Reservaban los verdaderos actos de adoración para el Dios vivo.

a través del cual los primeros cristianos ofrecían adoración a Dios Padre.[2] Entonces, se infiere que Cristo no es plenamente divino sino tan solo el mejor mediador posible de la presencia de Dios. La distinción es sutil, puede ser, pero es extremadamente importante. Si Jesús es un simple vehículo a través del cual adoramos a Dios —y no alguien a quien deberíamos adorar *como Dios*—, entonces todo el trinitarismo ortodoxo se desarma.

Entonces, vale la pena hacer una pausa para aclarar que el Nuevo Testamento sí presenta a Cristo como un intermediario para los actos de adoración de los cristianos. Él es, tal como Hebreos deja bien en claro, el «gran sumo sacerdote» (Heb. 4:14) entra al tabernáculo celestial, donde salva «a los que por medio de él se acercan a Dios» (Heb. 7:25). Además, Cristo «intercede» continuamente junto al Padre (Rom. 8:34; Heb. 7:25), donde sirve como el «Abogado» de la iglesia (1 Jn. 2:1, LBLA) y ora a su favor (Juan 14:16). Es más, es el «mediador entre Dios y los hombres» (1 Tim. 2:5), y es «por medio de» Él o «en [Su] nombre» que Sus seguidores ofrecen oraciones a Dios (Juan 16:23-24; Rom. 1:8; 7:25; Ef. 5:20; Col. 3:17).

Cristo el receptor de la adoración

Sin duda, entonces, los cristianos ofrecen devoción religiosa a Dios *a través* de Cristo. Él es el gran intercesor en la adoración. Pero la pregunta es la siguiente: ¿es acaso *más* que eso? ¿*Recibe* también adoración dirigida a Él? Cinco patrones específicos indican que sí.

---

2. Esto se argumenta con mayor fervor en James D. G. Dunn, *Did the First Christians Worship Jesus? The New Testament Evidence* (Londres: SPCK, 2010).

Orar a Cristo

Aunque a ramas posteriores del cristianismo (como el catolicismo romano medieval) les resultaba aceptable orar a los santos o a María, esto era algo inaudito entre los primeros cristianos y los antiguos israelitas. A través del Antiguo Testamento, los verdaderos adoradores de Dios nunca ofrecen oración a nadie más que a Dios; ni a los ángeles,[3] ni a reyes ni a patriarcas muertos. Es más, una de las maneras claves de cometer idolatría es orar a dioses falsos como si fueran reales (1 Rey. 18:26-27; Isa. 45:20). Solo Dios es el receptor o destinatario legítimo de la oración.

Por lo tanto, es increíblemente significativo que el Nuevo Testamento muestre a los primeros cristianos orando directamente a Jesucristo. Un ejemplo importante, aunque debatido, se encuentra en 1 Corintios 16:22. Aquí, Pablo expresa en arameo lo que podría considerarse una breve oración a Jesús: «*Marana ta*», que puede significar algo como: «¡Ven, Señor nuestro!».[4] El contexto inmediato indica que se está hablando a Jesús, porque en el versículo siguiente, Pablo se refiere a Él como «*Señor* Jesús» (16:23). Que Pablo ofrezca esta breve oración en arameo a Jesús (mientras que el resto de la epístola está en griego) muestra que lo más probable es que esto se remonte a los seguidores incluso más tempranos de Jesús que hablaban arameo.

---

3. Algunos escritos judíos muestran a los ángeles como mediadores que llevan oraciones delante de Dios (1 En. 9.1-6; T. Levi 5.1-7; 4Q400-403), pero no son los *destinatarios* de la oración; solo Dios ocupa ese rol.

4. Los eruditos se debaten entre si debería leerse como una oración (como aquí) o una afirmación de un hecho (es decir, con una vocalización diferente, *Maran ata*, «Nuestro Señor ha venido»). Los eruditos han ido y venido sobre este tema, pero (al menos hasta el autor presente), el uso de arameo (lo cual sería inusual si Pablo tan solo estuviera afirmando un hecho histórico), la ubicación de esta frase al final de la carta (donde Pablo a menudo inserta fórmulas de oración), y las frases paralelas en Apoc. 22:20 y Did. 10:6 (ver más abajo) inclinan la balanza en la dirección de que *Marana ta* sea una oración a Cristo.

Si esta es en realidad una antigua oración cristiana, entonces esta petición devocional al Jesús ascendido es algo que ningún cristiano de trasfondo judío consideraría jamás, a menos que realmente creyera que Él es Dios, el único receptor de la oración.

Podemos dar otros cuatro ejemplos claros. En Hechos 1:24, los apóstoles que quedaron oran directamente al «Señor» para elegir un reemplazo para Judas. Técnicamente, «Señor» podría referirse al Padre (recuerda el cap. 3, sobre la utilización ambigua de «Señor»). Pero, dado que los mismo apóstoles hablan del «Señor Jesús» en 1:21 y que fue Jesús el que había elegido a los primeros doce (y quien elige a Pablo en Hechos 9), es casi seguro que se estuvieran refiriendo a Jesús aquí. Más adelante, en Hechos, cuando Esteban se prepara a morir, ora al que ve de pie en el cielo: «Señor Jesús [...], recibe mi espíritu» (7:59). Es más, Pablo describe cómo, frente a la infame «espina» en su cuerpo, «tres veces le [rogó] al Señor», y el Señor respondió su oración diciendo: «Te basta con mi gracia, pues *mi poder* se perfecciona en la debilidad» (2 Cor. 12:8, 9). Una vez más, el uso de «Señor» es ambiguo y podría referirse al Padre. Pero Pablo aclara que estaba orando a Jesucristo —y que Él fue quien respondió su oración— al hacer referencia al «*poder de Cristo*» (12:9). Por último, en Apocalipsis 22:20, el apóstol Juan ora: «¡Ven, Señor Jesús!», lo cual probablemente se haga eco en el griego de la oración aramea que mencionamos antes, *Marana ta*.

Cada una de estas instancias muestra cómo los primeros cristianos (apóstoles, Esteban, Pablo, Juan) oraban no solo *a través de* Jesucristo sino también *directamente a Él*, sin dar ninguna indicación de que pensaran que esto no era apropiado. ¿De dónde sacarían la osadía de orar a Jesús como si fuera Dios? Tal vez del mismo Jesús, el cual los exhortó: «pídan*me* cualquier cosa en mi nombre, ¡y yo la haré!» (Juan 14:14, NTV).[5] Jesús declaró que Él mismo era, junto con el Padre, Aquel que recibe y responde las oraciones de Su pueblo.

Esta práctica de orar a Jesús continúa después de la era apostólica. Por ejemplo, la misma oración de *Marana ta* a Cristo aparece en la Didaché (10.6), donde esta petición constituye la conclusión de una oración extendida para utilizar como parte de la Cena del Señor. Ignacio escribe: «Si Jesucristo, mediante su oración, me estima digno»,[6] indicando que deberían orar a Jesús y que Él responderá. Y Clemente de Alejandría aborda una larga oración diciendo: «Oh, instructor, [...] Padre, Cuadriguero de Israel, Hijo y Padre, ambos uno».[7]

Cantar a Cristo

Al igual que con la oración, en el Antiguo Testamento y el judaísmo, cantar se consideraba un acto de adoración dirigido tan solo a Dios. Sin embargo, para 111 d.C., el historiador romano Plinio el Joven describió al emperador Trajano el patrón de adoración de los primeros cristianos de la siguiente manera: «Tenían el hábito de reunirse en cierto día concertado antes del amanecer, cuando cantaban con versos alternados un himno a Cristo, como a un dios».[8] Al menos para el principio del segundo siglo, los cristianos no solo le cantaban a Dios —como el pueblo de Israel siempre había hecho—, sino que cantaban *a Cristo* como a Dios.

También vemos señales de esta práctica en el Nuevo Testamento. Pablo instruye a la iglesia a hacer lo siguiente:

---

5. No todos los manuscritos muestran el agregado de «*me*» en Juan 14:14, pero los más antiguos y confiables sí.
6. Ignacio, *Ef.* 20.1
7. Clemente de Alejandría, *Paed.* 3.12.
8. Plinio, *Cartas* 10.96.

«Sean llenos del Espíritu. Anímense unos a otros con salmos, himnos y canciones espirituales. Canten y alaben *al Señor* con el corazón» (Ef. 5:18-19). Aquí, estrictamente hablando, «Señor» podría referirse a Dios Padre, pero Pablo sigue en 5:20 hablando de «nuestro Señor Jesucristo», dejando en claro que el «Señor» al que cantan los cristianos es el Hijo de Dios. De manera similar (y más decididamente), Juan revela cómo los integrantes de la corte celestial «entonaban este nuevo cántico: "Digno eres" [...] porque fuiste sacrificado» (Apoc. 5:9). Está claro que el que fue «sacrificado» y al cual están cantando es Jesús. Para resumir, el Nuevo Testamento no solo incluye canciones *sobre* Jesús (como el Magníficat y el Benedictus de Lucas 1), sino que también presenta la práctica de cantarle *a* Él.

Venerar a Cristo en las ordenanzas

Todo movimiento religioso del mundo antiguo tenía ceremonias u ordenanzas en honor a sus deidades o para apaciguarlas. Y los israelitas no eran diferentes, ya que todo su sistema de sacrificios y ceremonias estaba orientado alrededor de Dios. Por supuesto, con la venida de Cristo, estas sombras se desvanecieron a medida que apareció la realidad. Por lo tanto, el sistema de sacrificios fue reemplazado por la adoración espiritual en la era del Nuevo Testamento. Sin embargo, las ordenanzas no desaparecieron por completo en el cristianismo temprano. Dos cosas fueron ordenadas por el mismo Cristo. Lo que es fascinante es que el Nuevo Testamento suele hablar de que ambas cosas se hacen «para» o «en» el Señor Jesús.

Considera el bautismo como la ordenanza de iniciación. Tres veces en Hechos, los primeros cristianos declaran que uno se bautiza «en el nombre de» Jesús (Hech. 2:38; 10:48;

19:5). Este uso de «nombre» es importante, porque para un cristiano de trasfondo judío de esa época, el «nombre» de Dios representaba a Dios mismo.[9] Por tanto, bautizarse «en» el nombre de Jesús expresa cómo ese lavado es un acto real de adoración a Él. De manera similar, Pablo escribe que somos «bautizados en Cristo Jesús» (Rom. 6:3-4, RVR1960). Al omitir el «nombre de» (que aparece en Hechos), deja aún más en claro que el acto físico del bautismo de alguna manera une al creyente que confiesa espiritualmente con Cristo. Es difícil entender exactamente a qué se refieren los autores del Nuevo Testamento; guardaremos el misterio del sacramento para otro momento. Pero consideremos esta disquisición teórica. ¿Qué sucedería si alguien dice: «Bautícense en el nombre de César» o «en el nombre de Napoleón» o «en la reina»? Más allá de la perspectiva religiosa de cada uno o de la alta opinión que podamos tener de estos individuos, esta expresión resultaría increíblemente extraña o directamente escandalosa. Sin embargo, es precisamente lo que los primeros cristianos decían sobre Jesucristo; desde temprano y a menudo, y mucho antes de que se desarrollara en forma cabal la teología sacramental. La conclusión ineludible es que los primeros cristianos podían usar este lenguaje solo si consideraban a Jesús digno de una veneración tan exaltada.

Lo mismo es cierto de esta ordenanza sostenida de la Eucaristía (o la Santa Comunión). Observa que el nombre que se le da en el Nuevo Testamento es la «Cena del Señor» (gr. *kyriakon deipnon*, 1 Cor. 11:20). Jesús es el que la preside. Es Su cena. Es un medio para tener comunión con *Él*, cumpliendo tanto la comida de Pascua como las comidas sacerdotales de comunión con Dios posteriores a los sacrificios (por ej., Lev. 7:11-32).

---

9. Ver específicamente Ex. 23:21; Núm. 6:27; 1 Rey. 8:29; 2 Crón. 7:16.

Pablo describe la Cena del Señor como «participación en la sangre de Cristo» y «participación en el cuerpo de Cristo» (1 Cor. 10:16). Lo que quiso decir exactamente sigue siendo tema de debate, pero está claro que la ordenanza, de alguna manera, lleva al adorador a una clase de comunión con el Señor Jesús incomparable con ninguna otra comida humana (ver Juan 6:53). Pero para destacar cómo este sacramento es verdaderamente un acto de adoración a Cristo, Pablo lo compara con las comidas cultuales de la era romana, que eran una participación de la «copa de los demonios» y la «mesa de los demonios» (1 Cor. 10:21). Lo que hacen los paganos para adorar a deidades falsas comparte un patrón similar con la Cena del Señor, por lo cual en Corinto debían tener tanto cuidado al llevarla a cabo. No es una simple comida, sino un acto de adoración a Cristo.

Además de estas ordenanzas principales, hay otros dos pasajes que muestran aún más cómo los primeros cristianos veían a Jesús como el receptor adecuado de sus actos de veneración. (1) Pablo describe que los cristianos tienen la libertad de «guardar» los días o los alimentos de los festivales judíos, siempre y cuando realicen tales actos de adoración «para el Señor» (Rom. 14:6). Aquí, «Señor» se refiere a Jesús, como deja en claro Romanos 14:8-9. (2) A través del Antiguo Testamento, las «primicias» de cualquier cosecha o ganado se ofrecían a Dios y solo a Él. En un comentario sutil en Romanos 16:5 (LBLA), Pablo usa «primer fruto» (gr. *aparchē*) como metáfora de los nuevos creyentes y los declara «las primicias para Cristo» (mi trad.). Por lo tanto, señala sutilmente que Cristo es el receptor legítimo de las primicias, tal como Dios lo es en la era del Antiguo Testamento.

Invocar a Cristo en el ministerio

Varias veces en el Nuevo Testamento, los seguidores de Jesús lo invocan de distintas maneras para que autorice su ministerio. Por ejemplo, Pablo apela, casi como en una especie de oración, tanto al «Dios y Padre nuestro, y nuestro Señor Jesús» para que dirijan su camino (1 Tes. 3:11) y consuelen a la iglesia afligida en Tesalónica (2 Tes. 2:16-17). Además, los primeros cristianos invocan habitualmente «el nombre de Jesús» o «el nombre del Señor» para hacer caminar a un lisiado (Hech. 3:6), echar fuera demonios (Hech. 16:18) y sanar a los enfermos (Sant. 5:14). Es más, «todos los que […] invocan el nombre de nuestro Señor Jesucristo» se transforma en una especie de sinónimo para referirse a los cristianos en 1 Corintios 1:2.

Tal vez el ejemplo más significativo es la instrucción de Pablo sobre la disciplina en la iglesia en 1 Corintios 5:4-5. El contexto es la adoración colectiva, cuando los corintios están reunidos «en el nombre de nuestro Señor Jesús» (5:4). No permitas que esto pase inadvertido: la reunión para adorar se hace *en el nombre de Jesús.* Cristo la sanciona, y está orientada en torno a Él. Pero Pablo sigue diciendo que con «el poder de nuestro Señor Jesús», deben sacar de la comunión a un pecador flagrantemente impenitente (5:4-5, NTV). Al hacerlo, están ejerciendo el juicio del mismo Jesús, no tan solo la opinión humana, porque Pablo coloca toda autoridad para esta acción en el «poder» de Cristo. Esto es intrigante, porque más tarde, Pablo apela al Antiguo Testamento para justificar una acción de este tipo: específicamente, la autoridad de Dios (5:13, citando Deut. 13:5 y pasajes similares). Es difícil imaginar cómo Pablo podía invocar a Jesús para la disciplina de la iglesia de esta manera si no lo consideraba plenamente Dios.

Postrarse en adoración

En los dramas históricos, a los siervos se los suele mostrar postrándose ante sus superiores en señal de respeto. Si usáramos una palabra griega para el verbo «postrarse», la primera opción sería *proskynein*. Por desgracia, esta palabra tiene un doble uso en el griego del primer siglo; también se usaba en forma habitual para la «adoración» religiosa adecuada de Dios. Entonces, en el Nuevo Testamento, uno debe tener cuidado cuando se encuentra con esta palabra.

Por ejemplo, en Mateo 18:26 (RVR1960), un siervo está «postrado» (gr. *proskynein*) ante su amo para rogarle que tenga paciencia mientras él intenta saldar su deuda. De ninguna manera este siervo está «adorando» a su amo. Pero este mismo verbo se usa en los Evangelios para una variedad de personas que se acercan a Jesús y se «postran» ante Él. Las traducciones al español suelen variar en distintas instancias de *proskynein*, traduciendo «postrarse» o «caer de rodillas» (en señal de respeto) o «adorar» (en un sentido religioso). No todas tienen por qué entenderse como una señal de veneración religiosa auténtica a Jesús. Pero algunas sí.[10]

Miremos desde atrás hacia delante en el Nuevo Testamento. Apocalipsis describe las huestes celestiales girando alrededor del trono «delante [...] del Cordero» y se postraban en tierra para adorar (Apoc. 7:9-12). En esta magnífica escena, el objeto de su adoración es tanto Dios el Padre como Dios el Cordero (Hijo), los cuales están reinando *juntos* en un trono (7:17). Pero la adoración a Cristo es incluso más clara en Apocalipsis 5:13-14, donde dice que los ángeles y los ancianos «se

---

10. Para una discusión extendida sobre el tema, ver Ray M. Lozano, *The* Proskynesis *of Jesus in the New Testament: A Study on the Significance of Jesus as an Object of* προσκυνέω *in the New Testament Writings*, LNTS 609 (Londres: T&T Clark, 2020).

postraron y adoraron» al Cordero. Hebreos se hace eco de lo mismo cuando registra que Dios manda a los ángeles a que «adoren» al Hijo (Heb. 1:6). Es asombroso que el Nuevo Testamento describa cómo no solo los seres humanos sino también los ángeles deben adorar a Jesús. Esta adoración celestial (aquí se usa *proskynein*) de Jesucristo es uno de los indicadores más evidentes de la visión de los primeros cristianos respecto a Su plena divinidad.

Sin embargo, tal adoración no está confinada al cielo. Al final de Su ministerio terrenal, Jesús ofrece instrucciones finales a Sus discípulos y asciende a la gloria. Lucas registra cómo, *después de esto,* los discípulos «lo adoraron y luego regresaron a Jerusalén con gran alegría» (Luc. 24:52). El contexto deja en claro que, en este caso, *proskynein* no puede estar indicando un mero acto de inclinarse en señal de respeto, porque tal expresión de respeto de alguien inferior a otro superior requiere la presencia del superior; uno no se inclina ni hace reverencia ante un superior que no está en la habitación. No obstante, *Jesús ya no está en la escena.* Se ha ido al cielo. Así que la única opción para *proskynein* es que los discípulos lo están adorando verdaderamente como a Dios.

Unos pocos días antes, Sus seguidores saludan al Jesús resucitado dos veces, «caen a Sus pies» y lo «adoran» (Mat. 28:9, 17, mi trad.). Aunque podría ser que se tratara de una señal de respeto por su rabí que ya no estaba muerto, vale la pena mencionar que esta combinación aparece en otras partes del Nuevo Testamento. Juan se postra a los pies de un ángel e intenta «adorarlo» (Apoc. 19:10; 22:8-9), y Cornelio hace lo mismo con Pedro (Hech. 10:25-26). Pero en estas instancias, el ángel y Pedro rechazan enfáticamente sus intentos de adorarlos (gr. *proskynein*), mostrando que sus acciones no son una mera señal de respeto neutral, sino una veneración religiosa reservada solo para Dios.[11] Jesús, por otro lado, no parece para nada incómodo cuando lo mismo le sucede. La evidencia no es decisiva, pero vista a la luz de lo demás, parece que estos encuentros en Mateo 28 sí constituyen una adoración religiosa a Jesús, la cual Él no rechaza.

Dos escenas anteriores resaltan como instancias posibles (pero no definitivas) donde las personas ofrecen una adoración real a Jesús incluso antes de Su resurrección: (1) los discípulos que lo «adoraron» en la barca y proclamaron que era «el Hijo de Dios» después de que Él caminó sobre el agua (Mat. 14:33) y (2) el ciego que confesó creer en Jesús y luego lo «adoró» (Juan 9:38).

Esto nos lleva al episodio más temprano donde se dirige el verbo *proskynein* a Jesús: la visita de los magos. En Mateo 2:2, estos visitantes afirman su deseo de «adorarlo» (gr. *proskynein*) en Su presencia, y después en 2:11, lo ponen en práctica cuando encuentran al niño. Dado que su propósito es llevar regalos al que «ha nacido rey de los judíos» (2:2), es posible que tan solo estén mostrando respeto a un nuevo gobernador.

Sin embargo, debemos tener en mente que la historia de Mateo del nacimiento ya identificó a este Jesús recién nacido como «Emanuel», concebido por el Espíritu Santo (1:23). Y como mostramos antes, Mateo incluye otras escenas en el Evangelio donde es casi seguro que hay adoración religiosa a Jesús. Entonces, ¿el evangelista está haciendo un uso sutil de *proskynein* con los magos… para aquellos que tengan oídos para oír? Es posible. Al final del relato del Evangelio, Jesús afirma tener «toda autoridad en el cielo y en la tierra» y envía a Sus

---

11. Para un estudio exhaustivo de la evidencia temprana sobre cómo los ángeles rechazan intentos de adoración, ver Loren Stucenbruck, *Angel Veneration and Christology: A Study in Early Judaism and in the Christology of the Apocalypse of John*, WUNT, 2da ser., vol. 70 (Tübingen: Mohr Siebeck, 1995). Las instancias donde los ángeles rechazan los intentos humanos de adoración hacen que la adoración a Jesús resalte aún más.

discípulos a «todas las naciones» (28:18-19). Sin embargo, este énfasis global empieza mucho antes, en Mateo 2:2, donde los magos persas representan simbólicamente a «todas las naciones» que reconocen la autoridad del rey recién nacido. Tal vez Mateo está queriendo decir que, lo supieran o no, que estos magos se postraran ante Jesús era en realidad lo correcto: *adorar* al rey soberano sobre todas las cosas, a Emanuel.

La vida cristiana como «unión con Cristo»

En cada una de las subsecciones anteriores, he bosquejado una acción específica entre los primeros seguidores de Jesús, y cuando se las combina a todas, proporcionan un retrato bien claro de cómo los primeros cristianos no solo adoraban a través de Él (como intercesor) sino que lo adoraban directamente de la misma manera en que adorarían a Dios. Sin embargo, podemos añadir una capa más.

Después de la ascensión de Jesús, la iglesia empieza a expresar, prácticamente de la noche a la mañana, la idea impactante de que los cristianos están —de una manera real que sigue siendo desconcertante hasta el día de hoy— *unidos* a Cristo. Es decir, la vida devocional y de adoración de los primeros cristianos se caracteriza no solo por oraciones y cantos a Jesús (entre otras cosas), sino por una *comunión* profundamente significativa con Él, o *permanecer* en Él. Misteriosamente, a lo largo del tiempo (miles de años), del espacio (el cielo y la tierra) y la geografía (naciones en todas partes), todos los cristianos están unidos al Cristo resucitado de una manera sin paralelos en ningún otro sistema religioso que haya existido jamás. Hay varias cuestiones de este fenómeno que merecen atención.[12]

---

12. Para más detalles sobre las implicaciones cristológicas de la unión con Cristo, ver Chris Tilling, *Paul's Divine Christology* (Grand Rapids, MI: Eerdmans, 2015). Para descubrir más sobre el tema más amplio de la unión con Cristo en Pablo, ver

Empezaré con Jesús. Cuando, en el camino a Damasco, se le aparece de manera apocalíptica desde el cielo a Pablo —el cual, recordemos, estaba persiguiendo a los cristianos—, le dice: «¿por qué me persigues?» (Hech. 9:4; repetido en 22:7; 26:14). Esta es una manera curiosa de expresarlo, porque estrictamente hablando, Pablo no podía perseguir a Jesús en sí, ya que Jesús estaba entronado en el cielo. En cambio, Pablo estaba persiguiendo a los seguidores de Jesús. Pero Jesús mismo se identifica con ellos de una manera profunda. Cuando Pablo ataca a los cristianos, ataca a Jesús. En otras palabras, Jesús *incorpora* a Sus seguidores en sí mismo. Esta es sencillamente otra manera de expresar lo que ya les había dicho a Sus discípulos, que Él es la vid y ellos las ramas (Juan 15:5).

En sus cartas, Pablo desarrolla este concepto. Describe una y otra vez cómo todos los cristianos están íntimamente conectados a través del espacio y el tiempo con la obra salvífica de Jesús: morimos y fuimos enterrados «con él» (Rom. 6:4-8; Gál. 2:20; 2 Tim. 2:11); resucitamos «con él» (Col. 2:12; 3:1; comp. Rom. 6:11); y somos exaltados «con él» (Ef. 2:6); es más, antes de la creación, fuimos escogidos «en él» (Ef. 1:4). Toda la salvación brota de estar unidos «en/con» las cosas salvíficas que Jesús hizo.

Esta conexión que tienen los cristianos con Cristo florece con una variedad de otras descripciones sobre cómo estamos en Él y Él está en nosotros. Somos el «cuerpo» de Cristo (Rom. 12:5; 1 Cor. 12:12), y Cristo es nuestra «cabeza» (1 Cor. 11:3; Ef. 4:15; 5:23). Cristo es nuestro alimento (Juan 6:35, 51; Ef. 5:29; Col. 2:19). Nuestra vida en el presente «está escondida con Cristo en Dios» (Col. 3:3). Y, por más sorprendente que parezca, Cristo también está «en» nosotros (Rom. 8:10;

Constantine R. Campbell, *Paul and Union with Christ: An Exegetical and Theological Study* (Grand Rapids, MI: Zondervan, 2012).

Col. 1:27). Precisamente por eso, Jesús había orado: «yo en ellos [...]. Permite que alcancen la perfección en la unidad» (Juan 17:23). Dicho de otra manera, hay dos dimensiones en la vida cristiana: «permanecemos en él, y [...] él permanece en nosotros» (1 Juan 4:13).

Por cierto, Jesús termina Su ministerio con la promesa de que, aunque está entronizado en el cielo, estará «con [Sus seguidores] siempre, hasta el fin del mundo» (Mat. 28:20), haciendo eco de la promesa de «Emanuel» a través del Antiguo Testamento de estar con Su pueblo.

Ningún simple humano podía afirmar tales cosas, y ningún pueblo en su sano juicio declararía tales cosas sobre su relación con un hombre común y corriente. ¿Qué podría significar ser sustentado, estar injertado, unido o «en» un mero profeta o rey humano? El único paralelo cercano en el Antiguo Testamento en este sentido de la presencia real del Cristo exaltado es la relación espiritual de los israelitas con el mismo Dios. Solo un ser divino que trasciende la creación puede tener esta clase de relación de habitación mutua con sus adoradores a lo largo del tiempo y el lugar.

Resumen

En este capítulo, he intentado bosquejar la evidencia de cómo los primeros seguidores de Jesús le brindaban la clase de adoración religiosa reservada únicamente para Dios.

Tal vez esta veneración de Jesús explica por qué el movimiento cristiano temprano recibió una oposición tan fuerte de sus oponentes. Por el lado de los judíos, a los cristianos se los expulsaba de la sinagoga (Juan 12:42) y se los sometía a un intenso sufrimiento (1 Tes. 2:13-16). Este nivel de antagonismo parece superar un mero desacuerdo interno sobre la condición mesiánica de Jesús. Antes de su conversión, Pablo incluso quería matar a los cristianos (Hech. 22:4). ¿Por qué lo haría, a menos que sus ofensas religiosas merecieran la pena de muerte? En aquel momento, ¿sería semejante ofensa creer que un rabino muerto había resucitado? Probablemente, no. En cambio, Pablo explica que quería destruirlos porque invocaban el nombre de Jesús (Hech. 9:14; 26:9), sugiriendo que pensaba que estaban quebrantando la veneración del «nombre» de Dios (como se expresa en el tercer mandamiento, Ex. 20:7).

Por el lado de los griegos, a Pablo se lo acusó (después de su conversión) no solo de predicar incoherencias sobre un Mesías resucitado sino que, de manera más específica, de ser «predicador de dioses extranjeros» (Hech. 17:18). Algunos críticos romanos terminarían acusando a los primeros cristianos de ser ateos (¡!) por negarse a venerar a las deidades paganas locales debido a su adoración exclusiva a Cristo.[13]

En breve, parece ser que los primeros cristianos provocaban reacciones tan fuertes en sus contemporáneos no solo por sus afirmaciones *conceptuales* sobre Jesús, sino porque en realidad *las ponían en práctica* adorando a Cristo de manera real. Por cierto, esta acción era la línea en la arena más marcada... y la ofensa más grande.

¿Y entonces?

Los nuevos cristianos suelen preguntar: «¿Debería orar al Padre o al Hijo también?». Aunque Jesús nos dejó un modelo de oración al Padre, especialmente en el Padre Nuestro (Mat. 6:9), también está claro que la práctica de los primeros cristianos era dirigir sus oraciones al Hijo también. Aunque los

---

13. Esta dinámica está detrás de la adoración de la imagen de la bestia en Apoc. 13–14.

cristianos modernos a menudo parecen más cómodos cantando canciones *sobre* Jesús y Su obra, uno se pregunta si no tendríamos que recuperar el hábito de ofrecer una adoración plena al Hijo junto con el Padre.

Es más, la unión espiritual real que tienen los cristianos con el Señor Jesús resucitado y ascendido debería estimular una reflexión más precisa en la naturaleza de la vida cristiana. No me refiero tanto a preguntarnos: «¿Qué haría Jesús?»; ni siquiera a buscar un «caminar personal con Jesús» (aunque cada una de estas frases contiene elementos de verdad). En cambio, deberíamos ver la vida cristiana como una en la cual Jesús, el cual habita en nosotros mediante Su Espíritu, está produciendo la obediencia de fe desde nuestro interior, como aquello que desborda de un corazón renovado. Al unirte a Él, Jesús te moldea a Su semejanza a través de una adoración cristocéntrica en toda la vida. *Esa* es una visión de la vida cristiana que toma en serio la unión que tenemos con el Señor Jesús.

5

Tres personas

Relaciones trinitarias a todo color

Mahoma registra un comentario algo desconcertante en el Corán: «Y cuando dijo Alá: "¡Jesús, hijo de María! ¿Eres tú quien ha dicho a los hombres: '¡Tomadnos a mí y a mi madre como a dioses, además de tomar a Alá!'?"» (s. Al Ma'idah 5:116). Este pasaje une varios otros (s. Al-Báqarah 2:163; s. Al-Maeda 5:72; s. An-Nahl 16:51; s. Al-Qasas 28:88) que comunican la enseñanza islámica estándar respecto a la singularidad absoluta de Alá y la naturaleza no divina de Jesús. Pero esta *sura* va más allá, condenando la noción de *tres* figuras divinas... solo que con un giro inesperado. Por confuso que parezca, la supuesta «Trinidad» a la cual se opone Mahoma (en otra parte, manda: «¡No digáis "Tres"!», s. An-Nísa 4:171) está compuesta de Alá, Jesús y María.

Hoy día, esta doctrina sigue siendo uno de los grandes puntos de división entre el cristianismo y el islam, pero es interesante que Mahoma, más allá de toda su negación de la divinidad de Jesús, parece ser consciente de que el cristianismo afirma algo más que tan solo a un Jesucristo divino. Y tiene razón.

Hasta ahora, he analizado distintas líneas de evidencia que apoyan la afirmación de que el Nuevo Testamento enseña la plena divinidad de Jesús. Pero el cristianismo no es *bi*nitario. No podemos sencillamente confesar que Jesús es Dios sin también abrazar la plenitud de un Dios *trino*. Tristemente, aunque Mahoma era en parte consciente de que hay una tercera persona en la Deidad cristiana (pero no identificó bien Su identidad), muchos dentro de los círculos cristianos de hoy no entienden cuestiones básicas de esta doctrina fundamental. A la verdadera tercera persona de la Deidad —el Espíritu Santo— se la suele ver como una fuerza de vida o una especie de gas impersonal que llena la atmósfera en un servicio de adoración, o un poder para hacer cosas increíbles.

Entonces, el objetivo de este capítulo es traer a esta tercera persona más cabalmente a la conversación y demostrar que el Nuevo Testamento enseña no solo que Jesucristo es plenamente Dios sino que es divino en una forma particular. Es decir, es el Hijo en una relación eterna tanto del Padre *como del Espíritu,* y las tres personas son un solo Dios. En otras palabras, cualquier debate sobre un Cristo divino debe considerar al Espíritu divino, o termina siendo penosamente incompleta.

La persona del Espíritu

Antes de seguir, es importante examinar la evidencia que indica que el Espíritu Santo es, por cierto, una *persona* divina y no tan solo algo parecido a «la Fuerza» del jedi. Aunque la Escritura nunca proporciona un tratado elaborado sobre la persona del Espíritu, los autores *tratan* al Espíritu como una persona en todo momento.

Primero, el Espíritu Santo es habitualmente el sujeto de verbos que solo se llevan a cabo por *personas* activas, pensantes y con voluntad propia. Estas actividades nunca son llevadas a cabo por el viento, ideas, fuerzas inanimadas, gases ni nada parecido. En el Nuevo Testamento, el Espíritu hace lo siguiente:

- designa (gr. *tithenai*, Hech. 20:28)
- da testimonio/testifica (gr. *martyrein*, Hech. 20:23; Heb. 10:15; 1 Jn. 5:6, comp. 5:32)
- da el visto bueno sobre algo (gr. *dokein*, Hech. 15:28)
- prohíbe (gr. *kōlyein*, Hech. 16:6)
- da vida (gr. *zōopoiein*, Juan 6:63)
- da nuevo nacimiento (gr. *gennan*, Juan 3:8)
- guía (gr. *hodēgein*, Juan 16:13)
- intercede en oración (gr. *hyperentynchanein*, Rom. 8:26-27)
- predice el futuro (gr. *promartyresthai*, 1 Ped. 1:11)
- sondea los pensamientos (gr. *eraunan*, 1 Cor. 2:10-11)
- habla (gr. *lalein* y *legein*, Mat. 10:20; Mar. 13:11; Hech. 1:16; 8:29; 11:12; 13:2; Heb. 3:7)
- enseña (gr. *didaskein*, Juan 14:26)
- establece/decreta ciertas cosas (gr. *boulesthai*, 1 Cor. 12:7-11)

Segundo, los humanos hacen cosas al Espíritu que solo se le hacen a una persona real, como mentirle (Hech. 5:3-9), blasfemar contra él (Mat. 12:31) y resistirlo (Hech. 7:51).

Para que los autores del Nuevo Testamento concibieran que el Espíritu *hacía* esas cosas o que esas cosas *se le hacían* al

Espíritu, tienen que haber creído que el Espíritu es una persona real, aunque espiritual.[1]

Entonces, procedamos a examinar cómo el Nuevo Testamento completa nuestro entendimiento de la divinidad de Jesús al pintarlo de colores trinos, trayendo a la persona del Espíritu a la conversación.

Las relaciones trinas en el ministerio de Jesús

Empezaré con el Jesús terrenal. Como detallé en el capítulo 2, la evidencia del Nuevo Testamento establece sin lugar a dudas que Su relación eterna de Hijo con el Padre es esencial para lo que Él es. Pero no pasemos por alto Su relación íntima con el Espíritu Santo.[2]

Dos de los Evangelios empiezan describiendo una singularidad irrepetible y sobrenatural: la concepción de Jesús «por obra del» o «del» Espíritu Santo (Mat. 1:18-20; Luc. 1:35). Aunque la mente humana sigue sin poder entender *cómo* sucedió esto, los primeros cristianos estaban unidos al confesar que el Espíritu es el agente divino de la concepción del Hijo, desde Lucas (el cual describe que María fue cubierta «con [la]

---

1. Un tercer argumento se ha propuesto ocasionalmente para apoyar la condición de persona del Espíritu: el uso evidente del pronombre masculino *ekeinos* para el Espíritu en Juan 16:13-14, mientras que en griego, la palabra para Espíritu normalmente es neutra (*pneuma*). Aunque este argumento parece sólido al principio —es decir, que el Espíritu es «él» en este pasaje—, al final, no es convincente. *Ekeinos* aquí está casi seguro tomando «Consolador» (que es masculino) como su referente. Para más detalles, ver Andrew David Naselli y Philip R. Gons, *"Prooftexting the Personality of the Holy Spirit: An Analysis of the Masculine Demonstrative Pronouns in John 14:26, 15:26, and 16:13-14"*, DBTJ 16 (2011): 65-89.

2. Para un estudio detallado de las relaciones trinitarias en los Evangelios, ver Brandon D. Crowe y Carl R. Trueman, eds., *The Essential Trinity: New Testament Foundations and Practical Relevance* (Phillipsburg, NJ: P&R, 2017); Andreas J. Köstenberger y Scott R. Swain, *Father, Son and Spirit: The Trinity and John's Gospel*, NSBT 24 (Downers Grove, IL: InterVarsity Press, 2008); C. Kavin Rowe, *"Luke and the Trinity: An Essay in Ecclesial Biblical Theology"*, SJT 56, n.º 1 (2003): 1-26; M. M. B. Turner, *"Luke and the Spirit: Studies in the Significance of Receiving the Spirit in Luke-Acts"* (PhD diss., University of Cambridge, 1980).

sombra» del Espíritu) hasta los Credos de Nicena y de los Apóstoles.

Tres décadas más tarde, según el registro de los Evangelios, la inauguración del ministerio público de Jesús es recibida no solo por la voz del Padre desde el cielo sino también con el descenso del Espíritu Santo sobre Él (Mat. 3:16; Mar. 1:10; Luc. 3:22; Juan 1:32). Por cierto, toda esta escena está llena de riqueza trinitaria: el Hijo se dirige al Padre en oración (Luc. 3:21), el Padre habla al Hijo y envía al Espíritu sobre Él. Más adelante, el Espíritu es el que guía a Jesús al desierto y lo sostiene durante la tentación (Mat. 4:1; Mar. 1:12; Luc. 4:1, 14) mediante la palabra de Su Padre (Mat. 4:4; Luc. 4:4). Y cuando Jesús predica en Nazaret, se declara como ungido por el Espíritu Santo (Luc. 4:18), el cual es específicamente «del Señor» en el pasaje de Isaías 61 que está citando. Para resumir, el inicio del ministerio de Jesús está empapado tanto del Espíritu como del Padre.

Sin embargo, no se detiene allí. Jesús echa fuera demonios por el Espíritu (Mat. 12:28). Es más, al revisar un pasaje del cual hablamos en el capítulo 2, descubrimos que el supuesto meteorito joánico (Luc. 10:21-22) vibra con notas trinitarias: el Hijo está «lleno de alegría por el Espíritu Santo» y se dirige al Padre respecto a Su conocimiento mutuo. Por último, en una escena asombrosa y anterior a la ascensión de Jesús, Él habla sobre cómo regresará a estar con Su Padre, y por eso enviará a Sus apóstoles «como el Padre [lo] envió» (Juan 20:21). Después, sopla sobre ellos y dice: «Reciban el Espíritu Santo» (Juan 20:22). En esta manera profundamente trinitaria, Jesús pasa la antorcha: el Padre envió al Hijo y el Hijo envía a los apóstoles y los consagra soplando el Espíritu sobre ellos... el mismo Espíritu que había venido sobre *Él* en la inauguración de Su ministerio años antes.

Sin duda, otros poseen el Espíritu en el Nuevo Testamento, como Juan el Bautista (Luc. 1:15) y Simeón (Luc. 2:25). Pero las cosas son exponencialmente distintas para Jesús. Una profunda relación con el Espíritu y el Padre define la esencia de quién es Jesús y lo que hace a partir de la concepción. No es ninguna exageración afirmar que la identidad y el ministerio terrenales de Jesús no se pueden entender de ninguna otra manera que como algo absolutamente trinitario. Lo que hace que esto sea incluso más cautivador es que los autores de los Evangelios nunca se detienen a *explicar* la Trinidad; sencillamente, la dan por sentada.

Las relaciones trinas en Pentecostés

Esta identidad relacional entre Padre, Hijo y Espíritu que tiene Jesús se manifiesta después de Su ascensión también; en particular, en Pentecostés. Rebobinemos un poco y veámoslo desde el Antiguo Testamento.

Antes y durante el exilio de Israel, Dios promete muchas veces enviar Su Espíritu como la señal decisiva de que la era escatológica —los últimos días de la restauración— ha llegado (por ej., Isa. 44:3; 59:21; Ezeq. 36:27). La profecía más clara de la venida del Espíritu se encuentra en Joel 2:28-29, donde YHWH promete: «En esos días derramaré mi Espíritu». Es *Su* Espíritu, y Él es el que lo derramará. Mantén eso en mente.

Cuando Jesús aparece en escena, Su precursor, Juan el Bautista, promete mucho antes que *Jesús* enviará el Espíritu (Mat. 3:11; Mar. 1:8). Pero más adelante en Su ministerio, Jesús le pide *al Padre* que envíe el Espíritu (Juan 14:16). Sin embargo, después de Su resurrección, Jesús promete que *Él mismo* enviará el Espíritu, pero lo describe como «la promesa del Padre» (Luc. 24:49; Hech. 1:4). Entonces, en una especie de partido de tenis, la pelota va y viene en cuanto a quién envía exactamente al Espíritu: ¿Padre o Hijo? En esencia, la respuesta es *sí*. Jesús le da voz a esta misma dinámica en Juan 15:26: «Cuando venga el Ayudador, al cual les envío de parte del Padre, el Espíritu de verdad, quien viene del Padre, Él testificará acerca de mí» (mi trad.). El Espíritu es «enviado» por Jesús, pero «viene» del Padre, y a su vez, «testifica» de Jesús. Esta afirmación expresa de la manera más cercana posible la hermosa red de interrelaciones entre Padre e Hijo, Padre y Espíritu e Hijo y Espíritu.[3]

El cumplimiento de todo esto se lleva a cabo en Pentecostés. Juan afirma que el don del Espíritu depende de la glorificación de Jesús (Juan 7:39), y esta es precisamente la manera en que todo funciona en Hechos: poco después de la ascensión de Jesús, el Espíritu Santo es derramado como señal escatológica que anuncia la llegada de la era de la restauración (Hech. 2:1-41). En su famoso sermón, Pedro apela al pasaje ya mencionado de Joel 2:28-29, el cual le recuerda a la audiencia judía que *Dios* había prometido enviar el Espíritu en los días postreros. Pero Pedro da una revelación más plena de lo que hablaba Joel: «A este Jesús [...] Exaltado por el poder de Dios, y habiendo recibido del Padre el Espíritu Santo prometido, ha derramado esto que ustedes ahora ven y oyen» (Hech. 2:32-33). Dicho de otra manera, aquello que es la prerrogativa de YHWH en Joel y la prerrogativa del Padre en Hechos 1:4 ahora lo ejerce el Hijo ascendido. El Padre prometió que lo haría; después proporciona el Espíritu al Hijo, el cual, al recibirlo, a su vez derrama el Espíritu.

---

3. Una de las controversias más divisivas en la iglesia después del Concilio de Nicea giraba alrededor de la cláusula Filioque (lat. «y el Hijo») del credo: ¿el Espíritu Santo «procede» del Padre solamente, o del Padre «y el Hijo»? Este debate influyó en la división más profunda de la iglesia en Occidente y Oriente.

Esto no solo es una declaración significativa de la divinidad de Jesús —donde Él ejerce una prerrogativa exclusiva de Dios (ver cap. 3)—, sino que también ayuda a añadir algo de color a las relaciones trinas entre Padre, Hijo y Espíritu. La promesa del Padre de enviar al Espíritu Santo está supeditada al Hijo exaltado (Juan 7:39) y Él mismo la cumple (Hech. 2:32-33).

Las relaciones trinas y la esencia de Dios

Como hemos visto hasta ahora, el Espíritu es esencial para comprender el ministerio terrenal de Jesús y Pentecostés. Ahora me atreveré a ir más allá de los Evangelios y Hechos, y me concentraré en algunos ejemplos claves donde las relaciones trinitarias deslumbran a todo color.[4]

Primero, Pablo retoma lo que Jesús dijo al reiterar cómo el Espíritu procede *tanto* del Padre como del Hijo y les pertenece a ambos. Pablo escribe que el «Espíritu [del] Hijo [de Dios]» fue por cierto «enviado» por el Padre (Gál. 4:6). En Romanos 15:19, también habla del «Espíritu de Dios» (es decir, del Padre, en contexto), y en 2 Corintios 3:17, del «Espíritu del Señor» (es decir, Cristo, en contexto). Esto culmina en Romanos 8:9, donde al mismo tiempo habla del «Espíritu de Dios» y el «Espíritu de Cristo». El Espíritu es «de» ambos.

Segundo, estas relaciones mutuas también son centrales a las acciones redentoras en el pasado. Al mirar la historia de Israel, Pedro afirma que la salvación que es de Dios (es decir, del Padre, en contexto) fue comunicada a los profetas mediante el «Espíritu de Cristo», permitiéndoles predecir «los sufrimientos de Cristo» (1 Ped. 1:5, 11). En otras palabras, la Trinidad

---

4. Para estudios detallados de la Trinidad en los escritos de Pablo, ver Wesley Hill, *Paul and the Trinity: Persons, Relations, and the Pauline Letters* (Grand Rapids, MI: Eerdmans, 2015); Francis Watson, *"The Triune Divine Identity: Reflections on Pauline God-Language, in Disagreement with J. D. G. Dunn"*, JSNT 23, n.° 80 (2001): 99-124.

es tanto la dadora de la revelación a los profetas del Antiguo Testamento como el contenido de esa revelación. Al mirar los acontecimientos de la vida de Cristo, Pablo dice que la resurrección corporal del «Hijo» efectuada por el Padre fue «según el Espíritu» (Rom. 1:4). Y si miramos la era apostólica, el «Espíritu de Dios» le permite a Pablo predicar el «evangelio de Cristo» en su ministerio itinerante desde Jerusalén hasta Iliria (Rom. 15:19). En resumen, en lo que se refiere a las acciones objetivas en la historia, ninguna de las tres personas divinas es una isla. Cada una existe y actúa con las otras en mente.

Tercero, las tres personas de alguna manera participan en la identidad de las otras. Este concepto es difícil de expresar, ya que las analogías humanas siempre se quedan cortas para explicarlo. Sin embargo, hay algunos pasajes que nos permiten vislumbrarlo. Según Pablo, comparten una unidad: «un solo Espíritu, [...] un solo Señor, [...] un solo Dios» (Espíritu, Hijo y Padre, respectivamente; Ef. 4:4-6, RVR1960). Además, comparten misteriosamente una existencia: en un debate sobre cómo los cristianos deben ser transformados a la imagen de Cristo, Pablo afirma dos veces que «el Señor *es* el Espíritu» (2 Cor. 3:17, 18). El más impresionante es Romanos 8:11. Es difícil captar en español la complejidad y riqueza de la frase en griego. Usaré rótulos numéricos más abajo para ayudar a seguir el rastro de las personas divinas (1 = Padre, 2 = Hijo, 3 = Espíritu):

> Si el [3] Espíritu de [1] aquel que levantó a [2] Jesús de los muertos habita en ustedes, [1] aquel que levantó a [2] Jesús de los muertos también dará vida a sus cuerpos mortales a través de [1] Su [3] Espíritu que habita en ustedes. (mi trad.)

Observa que las personas divinas aparecen siete veces en sucesión. El Espíritu es el que habita y el Padre es quien da vida.

Sorprendentemente, al Padre ni siquiera se lo nombra en forma directa, ni como «Padre» ni como «Dios». En cambio, en esta secuencia, Su identidad se capta en una frase «aquel que levantó». Es más, Su identidad está atada a Jesús (aquel al cual levantó) y al Espíritu (el cual envía a habitar en los cristianos). El Espíritu es «del» Padre y es «Su» Espíritu. Y al Hijo se lo define como aquel al cual el Padre levantó. Es sencillamente maravilloso. En esta frase compacta, Pablo cimentó firmemente la identidad de cada persona divina con la de las demás. Conservan Sus distinciones, pero son plena y verdaderamente uno. Sería difícil encontrar una manera más trinitaria de pensar.

Por último, no podemos pasar por alto las que se suelen considerar las dos afirmaciones más explícitas de la Trinidad en el Nuevo Testamento. Primero, antes de Su ascensión, como todos saben, Jesús especifica que el bautismo debe hacerse «en el nombre del Padre y del Hijo y del Espíritu Santo» (Mat. 28:19). No es en «los nombres» (plural), no en el «nombre» repetido cada vez («el nombre de... el nombre de... el nombre de»). En cambio, se comparte «el nombre» en singular entre las tres personas. El «nombre» que tiene la autoridad y la presencia de Dios es compartido en forma conjunta por las tres personas de la única Deidad.

Segundo, el otro ejemplo es la llamada coma joánica, en Juan 5:7. Es una de las variantes textuales más debatidas del Nuevo Testamento griego. La RVR1960 dice: «Porque tres son los que dan testimonio en el cielo: el Padre, el Verbo y el Espíritu Santo; y estos tres son uno». Es entendible que tal versículo se haya tratado como *el* texto decisivo de prueba de la Trinidad en el Nuevo Testamento.[5] No obstante, casi todas las demás traducciones en español lo omiten porque hay mucha evidencia

---

5. La Confesión de Fe de Westminster, por ejemplo, lo cita en los textos de prueba originales para el cap. 2 (dado que los teólogos usaban la KJV o la Versión Autorizada).

en los manuscritos que sugiere que esta frase se añadió más adelante y no es original de la epístola de Juan.[6] Pero si este capítulo no logra nada más, sin duda calma cualquier inquietud sobre perder solidez teológica si 1 Juan 5:7 no fuera auténtico. Sin este pasaje, sigue habiendo muchos otros que señalan claramente una concepción trinitaria de Dios. Añadir este versículo no mueve demasiado la aguja. Una mejor manera de tratarlo es la siguiente: la adición de este versículo por algún escriba posterior muestra sin lugar a dudas que la iglesia primitiva estaba de acuerdo en que Dios es tres en uno. ¿De dónde sacó un escriba esta idea? ¡Del resto del Nuevo Testamento!

Para resumir, la fuerza acumulativa del material en esta sección establece una verdad: aunque el término *Trinidad* no aparece en el Nuevo Testamento, el concepto está allí. Aunque el Nuevo Testamento habla habitualmente de cada persona divina de manera singular, ninguna puede entenderse plenamente sin las otras. Sus identidades se *constituyen* unas a otras. La unidad divina se forja mediante su relación entre sí. Con el tiempo, los credos llegaron a expresar esto describiendo al Padre como no engendrado, al Hijo como el engendrado del Padre y al Espíritu como procedente del Padre y del Hijo. Pero la materia prima está allí en las páginas del Nuevo Testamento desde muy temprano.

Resumen

Lo que he intentado mostrar en este capítulo es que no podemos hablar simplemente de un «Cristo divino». La «cristología binitaria» no existe. Incluso el término «monoteísmo cristológico» no alcanza. El Nuevo Testamento no se detiene al afirmar

---

6. El trasfondo histórico de la coma joánica es complicado y no se puede resumir fácilmente aquí.

que Jesús es Dios (Mahoma entendió esa parte). En cambio, enseña que Jesús es Dios específicamente de manera trinitaria: como el Hijo del Padre y como Aquel que también tiene una compleja relación con el Espíritu divino (no María; Mahoma *no* entendió esa parte). Tal vez el rótulo más satisfactorio sea «cristología trinitaria».

Si todo esto es cierto, entonces sucede algo interesante cuando uno examina lo que significa ser cristiano a la luz de la cristología trinitaria de la cual hablamos en este capítulo. Si retomamos el hilo del capítulo 4, argumentaría que el Nuevo Testamento habla de la experiencia cristiana de la salvación y la adoración no solo como cristológica (unión con Cristo) sino también como algo profundamente trinitario.

En cuanto a la salvación personal, el Padre, el Hijo y el Espíritu obran juntos a través de la progresión espiritual de un cristiano:

- es conocido de antemano por Dios el Padre, en la santidad del Espíritu, en obediencia a Cristo (1 Ped. 1:2)
- aprende del Padre, el Hijo y el Espíritu verdades espirituales para salvación (1 Cor. 2:10-16; Ef. 1:17)
- es regenerado por el Espíritu, el cual es enviado por el Padre a través de Jesucristo (Tito 3:4-6)
- puede confesar el señorío de Cristo gracias al Espíritu de Dios (1 Cor. 12:3)
- es lavado, santificado y justificado en el nombre de Jesús y por el Espíritu de Dios (1 Cor. 6:11)
- es adoptado como hijo de Dios, hecho coheredero con Cristo, y puede orar a Dios… todo gracias al Espíritu (Rom. 8:15-17, 27)
- Cristo lo acerca y le concede acceso a Dios mediante el Espíritu (Ef. 2:17-18)

- recibe dones de parte del Espíritu, el Señor y Dios (1 Cor. 12:4-6)
- es sostenido por la gracia de Cristo, el amor de Dios y la comunión del Espíritu (2 Cor. 13:14)

De principio a fin, la vida cristiana individual es una de comunión con el Dios trino. La vida colectiva de adoración también se concibe en términos trinitarios. Pablo describe a la iglesia como «una carta de Cristo», escrita por «el Espíritu del Dios viviente» (2 Cor. 3:3). Habla sobre cómo la iglesia de Dios fue obtenida por la sangre del Hijo y es sustentada por líderes dados por el Espíritu (Hech. 20:28). La iglesia es el templo de Dios habitado por el Espíritu (1 Cor. 3:16; aquí se está hablando en plural), y los cristianos son aquellos que «por medio del Espíritu de Dios [adoran]» y se enorgullecen en Cristo Jesús (Fil. 3:3).

En resumen, los primeros cristianos no solo *conceptualizaban* a la Deidad como tres personas que constituyen un Dios, sino que su *experiencia* religiosa personal y colectiva de Dios también era plenamente trinitaria. Por lo tanto, decir meramente: «Sí, el Nuevo Testamento enseña que Jesús es Dios» está bien, pero no alcanza. Debemos asegurarnos de saber y experimentar Su esencia divina de una manera específicamente trinitaria que no deje afuera al Espíritu.

¿Y entonces?

Los cristianos suelen hablar de un «caminar personal con Cristo». Sin embargo, el material en este capítulo sugiere que el Padre y el Espíritu pueden quedar descuidados en una visión tan truncada. No podemos «caminar» con Cristo sin caminar con el Dios trino en plenitud. No podemos, por ejemplo, tan solo «invitar a Jesús a nuestro corazón» sin reconocer que esto sucede mediante el Espíritu Santo, ya que el Jesús resucitado está en el cielo a la diestra del Padre. Para muchos, la Trinidad es tan solo una doctrina, y se suele pasar por alto al Espíritu en particular. Pero si hablamos con propiedad, la Trinidad debería ser una realidad enriquecedora que modele nuestra manera de vivir.

6

«Señor mío y Dios mío»

Llamar *Theos* a Jesús

¿A Jesús se lo llama «Dios» en la Biblia?

Algunos afirman que la respuesta a esa pregunta es no, y los escépticos, los Testigos de Jehová, los unitarios y otros consideran que esto es evidencia de la naturaleza no divina de Jesús. Sin embargo, esta es una conclusión demasiado apresurada y simplista.

Como mencioné al principio, responder a esta pregunta es bastante difícil. En otras partes en el mundo antiguo y en la Escritura, la palabra griega *theos* no solo se usaba para el «Dios» verdadero sino también para seres menos importantes a los que se llamaba «dios». Por lo tanto, llamar simplemente *theos* a alguien no necesariamente afirma una condición plena de divinidad.

Precisamente por eso no empecé con esta pregunta, si no que la guardé para ahora. En los capítulos anteriores, hablé

de diversas líneas de evidencia que muestran que los primeros cristianos *describen* y *tratan* a Jesucristo plenamente como
Dios, de la manera que lo expresan los credos ortodoxos. Tal
evidencia sería prueba suficiente, más allá de la respuesta a la
pregunta de este capítulo.

Sin embargo, en este capítulo, mostraré que la respuesta
a esta pregunta ni siquiera es *no*. En siete instancias razo-
nablemente seguras y cinco instancias debatidas, el Nuevo
Testamento aplica directamente la palabra *theos* a Jesús. Al
examinarlas, se anima al lector a tener en mente toda la evidencia anterior, la cual aclara a qué se referían los autores del
Nuevo Testamento cuando llaman «Dios» a Jesús: no es un
«dios» menor, sino el «Dios» de Israel. Estas instancias explícitas son tan solo la cereza del postre.[1]

Siete instancias claras

Empecemos con siete casos donde prácticamente no se debate que *theos* se refiere a Jesús. Una advertencia antes de
entrar en este tema: parte de lo que sigue supone un gran
esfuerzo gramatical. Sin embargo, la recompensa vale la
pena. (Nota: todas las traducciones bíblicas en esta sección
son mías).

Tito 2:13 y 2 Pedro 1:1

Tanto Tito 2:13 como 2 Pedro 1:1 presentan el mismo patrón,
donde «Dios» y «Salvador» se usan para describir a Jesús. En
griego, el artículo «el» (*ho*) aparece antes de «Dios» —aunque
no se suele traducir en español—, pero no antes de «Salvador».

---

1. En lo que sigue, me apoyo en una variedad de comentarios y gramáticas avanza-
das del griego; hay pocos debates consolidados de todos estos versículos. Varios se tratan
en el apéndice de Raymond E. Brown, *An Introduction to New Testament Christology*
(Mahwah, NJ: Paulist, 1994).

En efecto, este uso único del artículo, tanto con «Dios» como con «Salvador», une ambos en una sola designación, la cual después se aplica a Jesús. Intentaré captar este significado con una traducción acartonada (donde «el» [gr. *ho*] aparece en negrita):

> La manifestación de la gloria **del** gran theos y Salvador nuestro, Jesucristo (Tito 2:13)
> por la justicia **del** theos nuestro y Salvador, Jesucristo (2 Ped. 1:1).

Algunos argumentan que «nuestro» en 2 Pedro 1:1, que aparece después de «Dios» en vez de después de «Salvador» (como en Tito 2:13), corta la lógica y separa las dos designaciones. Aunque esto es teóricamente posible, Pedro hace lo mismo unos pocos versículos después: «el Señor *nuestro* y Salvador, Jesucristo» (2 Ped. 1:11). Aquí, «nuestro» está en medio de «Señor» y «Salvador», pero los dos términos se siguen refiriendo a la misma persona, Jesús. Así que no hay razón para suponer lo contrario en 1:1.

El principio gramatical en acción aquí se llama «la regla de Granville Sharp», la cual ha generado muchísimo debate. Los ejemplos posibles más debatidos de la regla incluyen Efesios 5:5 («el reino **de** Cristo y *theos*»); 2 Tesalonicenses 1:12 («la gracia **del** *theos* nuestro y Señor Jesucristo»); y 1 Timoteo 5:21 y 2 Timoteo 4:1 (ambos dicen: «la presencia **del** *theos* y Cristo Jesús»). Por lo tanto, no los consideraremos aquí. No obstante, hay muy pocos que argumentan que la regla se aplica a Tito 2:13 y 2 Pedro 1:1.

En resumidas cuentas, queda bastante claro que Pablo y Pedro aplican una designación conjunta —algo así como «el *theos* y Salvador nuestro»— a Jesús. Por lo tanto, lo están llamando «Dios».

Hebreos 1:8

En el capítulo 1, ya hablamos del ángulo de la preexistencia en Hebreos 1:8, así que aquí me concentraré en su uso de *theos*. Recuerda que el autor cita el Antiguo Testamento varias veces, y en Hebreos 1:8, describe cómo Dios (el Padre) está hablando directamente al Hijo en el Salmo 45:7 (la porción citada), de la siguiente manera:

> Pero al Hijo, le dice:
> «Tu trono, oh *theos*, permanece para siempre» (Heb. 1:8).

A primera vista, el salmo original parece estar hablando de un rey israelita, y por lo tanto, podría estar usando la forma menor de «dios» (heb. *elohim*, gr. *theos*) como una manera honoraria de dirigirse a él. Más allá de si esto es verdad (las opiniones son variadas), queda claro lo que el autor de Hebreos está haciendo al interpretar el Salmo 45. Está diciendo que el Padre se dirige a Su Hijo específicamente como «Dios» (*theos*) y le adjudica dominio eterno.

1 Juan 5:19-20

Otra instancia donde la gramática es importante es 1 Juan 5:19-20. El apóstol Juan describe a alguien como «el Dios verdadero» y «la vida eterna». Pero a primera vista, puede parecer poco claro a quién se está refiriendo. Permíteme ofrecer una traducción acartonada:

> Sabemos que somos de **Dios** [...]. Y sabemos que el **Hijo** de Dios ha venido y nos ha dado una mente para que podamos conocer la verdad, y estamos en aquel que es verdadero, en Su **Hijo** Jesucristo. **Este** es el verdadero *theos* y la vida eterna. (1 Jn. 5:19-20).

Nos concentraremos en la última frase en 5:20. Juan dice que «este» (gr. *houtos*) es *theos*. Pero ¿a quién se refiere este pronombre demostrativo? Hay dos opciones, las cuales coloqué en negrita: «Dios» (el Padre) en 5:19 o el «Hijo» (dos veces) en 5:20.

Algunos argumentan que tiene que referirse a «Dios» (el Padre) en 5:19, lo cual es gramaticalmente posible. Sin embargo, hay tres consideraciones que sugieren lo contrario. (1) En la gran mayoría de los casos, el elemento más cercano al pronombre es el antecedente, en lugar del que está más alejado; en este caso, «Hijo» aparece dos veces en una posición más cercana a «este» que «Dios» (el cual se encuentra en un versículo anterior). (2) A través del Evangelio y la primera epístola de Juan, a Jesús se lo suele llamar «verdadero»/«verdad» y «vida».[2] Es más, *en este mismo sentido,* a Jesús se le llama «aquel que es verdadero». Mientras que a Dios (el Padre) también se lo llama «verdadero» en el Evangelio de Juan,[3] es más probable que «verdadero» y «vida» en 5:20 señalen a Jesús. (3) En los escritos de Juan, el pronombre demostrativo «este» o «él» (gr. *houtos*) se suele usar de maneras significativas para referirse a Jesús (por ej., Juan 1:2, 30; 4:29; 6:14, 42, 46), pero rara vez se utiliza para referirse al Padre. Por lo tanto, la evidencia acumulativa sugiere que Juan se está refiriendo a Jesús como «el verdadero *theos* y la vida eterna».

Juan 1:1; 10:33; y 20:28

Hablando del apóstol Juan, permíteme terminar esta sección con tres de las afirmaciones más conocidas en su Evangelio.

El primer versículo ha recibido muchísima atención, tal como debiera ser. Esta es una manera un tanto acartonada

---

2. Por ej., Juan 1:4, 17; 5:26; 6:35, 51, 55; 7:18; 11:25; 14:6; 1 Jn. 1:1-2; 5:11.
3. Por ej., Juan 3:33; 5:26; 8:26.

de presentarlo, que intenta coincidir con el orden de palabras en griego:

En el principio era la Palabra,
y la Palabra estaba en la presencia **del** *theos,*
y *theos* era **la** Palabra (Juan 1:1).

Nos concentraremos en la última frase, que habla del *theos* y de la «Palabra», la cual se refiere a Jesús (1:14-17). La frase está estructurada como un predicativo subjetivo obligatorio, donde dos sustantivos —*theos* y «Palabra»— están unidos entre sí al usar los verbos *estar* y *ser* (en este caso, «estaba» y «era»). Es importante que en esta instancia, el primer sustantivo (*theos*) no tiene el artículo «el» (gr. *ho*), mientras que el segundo («Palabra») sí. Como Juan no coloca artículo antes de *theos,* algunos, como los Testigos de Jehová, argumentan que deberíamos interpretarlo como «un dios»; es decir, un ser con algún tipo de atributos divinos.

El problema es que el griego no tiene estas mismas reglas. La ausencia del artículo «el» no significa que podamos insertar automáticamente «un» en español; estrictamente hablando, el griego no tiene un artículo indefinido («un») explícito. Entonces, hay que considerarlo de otra manera. Al examinarlo de cerca, lo que Juan ha hecho, *en griego,* es una maniobra brillante que se pierde fácilmente en la traducción. Todas las demás opciones disponibles (por ej., añadir «el» antes de *theos,* quitar «el» antes de «Palabra» o revertir el orden para que «Palabra» anteceda a *theos* en la frase) pueden resultar en distorsiones, como fundir la totalidad de *theos* con «Palabra» y no dejar espacio para el Padre ni el Espíritu. Juan hizo un uso preciso de las palabras para evitar tales problemas. Permíteme explicar.

En esencia, los predicativos subjetivos obligatorios comunican que A = B, y hay dos reglas que entran en juego. En primer lugar, si solo uno de los elementos tiene un artículo definido, lógicamente, ese llena la casilla de A y el otro la casilla de B, sin importar cuál sea el orden de las palabras. Por lo tanto, en este caso, «la Palabra» llena la casilla A. La última frase en 1:1 está diciendo: «La Palabra era B», aunque el orden de palabras en griego sea al revés. Segundo, el mismo *theos* en la tercera cláusula ya apareció con el artículo definido en la cláusula inmediatamente anterior: «en la presencia **del** *theos*».[4] Esto deja en claro que *theos* es definido: *el* Dios, no *un* dios. En tales situaciones, es bastante común (aunque no obligatorio) que se omita el artículo definido si, como en la tercer cláusula aquí, el sustantivo viene antes del verbo «ser». En consecuencia, lo que llena la casilla B no es «un dios», sino que claramente es una referencia a «**el** *theos*», aun si ese «el» no está presente.

Entonces, ¿qué logra Juan al omitir este «el» opcional antes de *theos* en la última cláusula? Efectivamente, aquel al cual nos referimos cuando hablamos del verdadero *theos* —la Palabra— se interpreta correctamente como *ese* ser. Una manera más tosca de traducirlo sería: «La Palabra era aquello que *theos* era». La Palabra es de la misma clase, la misma calidad, que *theos*. Como resultado, no cabe duda de que Juan está afirmando claramente —y con mucho tacto— que Jesucristo, la Palabra, es plenamente «Dios». Pero al armar la oración de esa manera, Juan mantiene la distinción entre la Palabra y «el» Dios que ya estableció en la segunda cláusula del versículo.

Más adelante en el Evangelio, Juan registra una acusación interesante de las autoridades judías: «No te apedreamos por una buena obra, sino por blasfemia; porque tú, siendo hombre,

---

4. La práctica de no traducir este «el» es simplemente una cuestión de estilo en español, no en griego.

te haces pasar por [el] *theos»* (10:33). Más allá de si entendían cabalmente (ni hablar de si aceptaban por fe) lo que Jesús estaba diciendo y haciendo, está claro que Sus oponentes dedujeron que Sus afirmaciones iban mucho más allá de lo que es cierto sobre los profetas o incluso los mesías terrenales. Se ha puesto en el mismo lugar que *theos,* y por eso lo acusan de blasfemia. Es interesante que un manuscrito antiguo de Juan (papiro 66) inserta el artículo «el» antes de *theos* (mostrado entre corchetes más arriba), lo cual amplifica la afirmación de divinidad.

Es cierto que, en la conversación subsiguiente, Jesús parece desviar su acusación señalando que theos se usa en el Salmo 82 para referirse a figuras angelicales. Pero cuando lo miras más de cerca, no está negando Su condición divina. En cambio, está argumentando con astucia que, como no es blasfemia usar *theos* para hablar de los ángeles, tampoco puede ser blasfemia referirse al Hijo verdaderamente divino como *theos*. Concluye consolidando su misma acusación: «el Padre está en mí, y que yo estoy en el Padre» (10:38).

Por último, llegamos a la conmovedora escena con la duda de Tomás. Después de que Jesús le muestra con paciencia Sus heridas a Tomás, Juan registra que Tomás exclamó: «¡Señor mío y *theos* mío!» (20:28). El discípulo que estaba conflictuado ahora podía confesar su fe con seguridad. El receptor directo de las palabras de Tomás es Jesús, de manera que «Señor mío y *theos* mío» se refieren a la misma persona (no a dos diferentes). Y para repasar el capítulo 3, Tomás usa tanto Señor/*kyrios* como *theos* para referirse a Jesús. Es un final adecuado para lo que empezó en Juan 1:1.

En resumen, no hay razón para dudar que estos siete pasajes, distribuidos entre distintos autores del Nuevo Testamento, llaman directamente *theos* a Jesús.

Cinco instancias debatidas

Permíteme examinar brevemente cinco otras instancias donde es posible que se llame *theos* a Jesús, pero que siguen siendo objeto de debate.[5] (Nota: todas las traducciones bíblicas en esta sección son mías).

Juan 1:18

En el famoso pasaje de Juan 1:18, Juan escribe: «Nadie ha visto jamás a *theos*; el único_____, el que está a la diestra del Padre, Él lo ha dado a conocer». Hablé brevemente de este pasaje en el capítulo 3, ya que presenta el término griego *monogenēs* («único» o «unigénito»). Aquí nos concentraremos en la palabra siguiente. La gran mayoría de los manuscritos colocan «Hijo» en el espacio en blanco, mientras que unos pocos usan «Dios». Desde un punto de vista de los escribas, la diferencia habría sido mínima, ya que las palabras se habrían abreviado ΥΣ en vez de ΘΣ. Y los argumentos a favor o en contra de cada uno no son concluyentes. Así que es difícil estar seguro de lo que escribió en realidad Juan. Al menos, unos pocos escribas cristianos de esa época claramente pensaron que estaba bien leer «Dios» aquí en referencia a Jesús.

Hechos 20:28

Hechos 20:28 es otro versículo difícil que tiene algunos desafíos. Algunos manuscritos dicen: «la iglesia del *theos*, la cual Él compró con Su propia sangre». Otros añaden «Señor y» entre «el» y *theos*. Si esta versión más larga es la correcta, entonces el pasaje está describiendo claramente a Jesús tanto como «el Señor y *theos*», de manera similar a Tito 2:13 y 2 Pedro 1:1

---

5. A esta lista, se le podrían añadir los candidatos controversiales para la Regla de Granville Sharp enumerados más arriba: Ef. 5:5; 2 Tes. 1:12; 1 Tim. 5:21; 2 Tim. 4:1.

(ver pág. 118). Pero surgen otros problemas con las últimas palabras (gr. *tou haimatos tou idiou*). Si se deben leer «Su propia sangre», entonces está hablando de Jesús, ya que el Padre no tiene sangre literal. Pero también podría leerse «la sangre del suyo», donde estaría haciendo referencia al Padre y a Jesús. La evidencia puede apoyar a cualquiera de las dos opciones, así que nos quedamos con la duda. Este versículo *puede* referirse a Jesús como *theos,* pero esa lectura no es algo seguro.

Gálatas 2:20

Otra cuestión concerniente a los escribas se encuentra en Gálatas 2:20. La oración básica es la siguiente: «Vivo por fe en el _____ que me amó». Algunos manuscritos muy buenos dicen «Hijo de Dios» en el espacio en blanco. Pero también hay otros excelentes que dicen: «*theos* y Cristo».[6] En el segundo caso, estamos otra vez en una situación donde el único artículo definido se aplica tanto a *theos* como a «Cristo». Es difícil tener la plena certeza de lo que Pablo escribió en realidad. Como mínimo, una gran cantidad de los primeros escribas cristianos transmitieron un texto que claramente llama *theos* a Jesús.

1 Timoteo 3:16

Aunque hablé de 1 Timoteo 3:16 en el capítulo 1, vale la pena darle otra mirada, debido a su conocida variación según los escribas. Aunque muchos manuscritos dicen: «El cual se manifestó en la carne», muchos otros transmiten: «*Theos* se manifestó en la carne» (por ej., la RVR1960 dice: «Dios fue manifestado en carne»). La diferencia en griego es mínima:

---

6. Una lectura similar relacionada con los escribas se encuentra en Judas 5, donde el papiro 72 no dice «Señor», ni «Dios» ni «Jesús» (como en la mayoría de las otras alternativas) sino, de manera algo sorprendente, «Dios Cristo» (gr. *theos christos*).

«el cual» se escribiría ΟΣ, mientras que *theos* se abreviaría ΘΣ. Tan solo un pequeño trazo distingue ambas palabras, y una vez más, hay argumentos de los dos lados que apoyan una u otra lectura del escrito original de Pablo. De cualquier manera, muchos de los primeros cristianos usaban «*theos* se manifestó», claramente aceptando a Jesús como «Dios».

Romanos 9:5

Quizás el pasaje más interesante y complejo sea Romanos 9:5, porque surge en medio de la magistral epístola de Pablo a Roma y no tiene ninguna variante textual (como los otros cuatro pasajes). En cambio, el problema se reduce a la puntuación: ¿dónde quiso Pablo que hubiera comas y puntos? Los manuscritos más antiguos no siempre incluyen estas marcas. En general, esto no presenta ningún problema, ya que el contexto trae claridad. Pero en este caso, la puntuación marca una gran diferencia. En esencia, hay cuatro opciones (cada una requiere pequeños cambios en la expresión en español, aunque en griego es lo mismo):

> ... el Cristo. *Theos* que está sobre todas las cosas alabado sea para siempre.
> ... el Cristo que está sobre todas las cosas. *Theos* sea alabado para siempre.
> ... el Cristo, que está sobre todas las cosas, *theos* sea alabado para siempre.
> ... el Cristo, aquel que está, como *theos* sobre todas las cosas, alabado sea para siempre.

Las primeras dos colocan un punto entre «Cristo» y *theos*, de manera que muestran una distinción firme. La tercera y la cuarta colocan una coma entre «Cristo» y *theos,* de manera que se refieren a la misma persona. Se pueden dar buenos argumentos para cualquiera de las opciones, por lo cual no se ha resuelto el debate.[7]

En resumen, hay cinco instancias intrigantes donde la aguja podría señalar para cualquiera de los dos lados, según cómo se evalúe la evidencia textual o gramatical. Sin embargo, que haya siete instancias sólidas al menos demuestra que no hay ninguna razón dogmática por la cual habría que excluir alguna de estas otras.

Otras designaciones

El Nuevo Testamento no se detiene con *theos*. Hay otras palabras o frases que se usan para Jesús que, si se entienden a la luz del resto del Nuevo Testamento, apoyan la evidencia de este capítulo. Antes de Su nacimiento, se lo llama «Emanuel», que se traduce «Dios con nosotros» (Mat. 1:23; citando Isa. 7:14). Se ha debatido si esta instancia donde se hace referencia a Jesús como *«theos* con nosotros» es lo mismo que llamarlo *theos* directamente, o si podría tratarse de una manera poética de describir cómo manifiesta el amor o la presencia de Dios con Su pueblo. Pero a la luz del énfasis que se hace en la concepción sobrenatural de Jesús en el relato de Mateo del nacimiento, lo más probable es que el evangelista esté haciendo una afirmación mucho más fuerte con «Emanuel».

A Jesús también se lo llama «la sabiduría de Dios» (1 Cor. 1:24), «la gloria del Señor» (2 Cor. 3:18) y «la imagen de Dios» (2 Cor. 4:4). Por último, Pablo escribe que «toda la plenitud de la divinidad [gr. *theotēs*] habita en forma corporal en Cristo» (Col. 2:9; comp. 1:19). Aquí, Pablo usa una forma derivada de *theos* para describir cómo Jesús, de manera

---

7. Habiendo dicho esto, creo que la cuarta opción merece más atención, ya que se podría decir que interpreta de manera más clara el griego.

misteriosa, contiene toda la plenitud de lo que significa para Dios ser «Dios» —por cierto, se podría decir que *theotēs* es «esencia divina»— en Su mismo cuerpo.

Resumen

En este capítulo, he examinado varios pasajes específicos donde a veces de manera posible y otras de forma segura, algún autor del Nuevo Testamento llama *theos* a Jesús, junto con otras frases que denotan la misma idea. Dada toda la otra evidencia presentada en los capítulos anteriores, parece inevitable llegar a la siguiente conclusión: Lo que los primeros cristianos querían decir al llamarlo *theos* no era que fuera un ángel, «un dios» ni algo confusamente «divino», sino que Jesucristo tiene la misma esencia que *theos*. Todo lo que Dios es, Jesús lo es, de manera tal que incluso se lo puede llamar *theos* de la misma forma.

¿Y entonces?

El material en este capítulo requiere que nos arremanguemos y nos ensuciemos las manos con algunos detalles de la gramática griega y variantes textuales. Para algunos lectores, esto tal vez sea una ardua tarea, pero al menos, estos pasajes revelan la necesidad de leer la Escritura con cuidado, palabra por palabra, por todo lo que vale. La precisión es importante para la doctrina, y la doctrina es importante para la vida.

Sin embargo, dada la complejidad del asunto, probablemente no sea productivo intentar argumentar con un Testigo de Jehová en el porche de tu casa sobre los matices de «el» en Juan 1:1 o la puntuación de Romanos 9:5. Como cualquier traducción de la Biblia que no sea la Traducción del Nuevo Mundo les resulta dudosa, tal vez puedas hacer más progreso con otros pasajes, como Marcos 1:1 (ver cap. 3), donde incluso la traducción de ellos corrobora cómo el Nuevo Testamento enseña que Jesús es plenamente Dios, no tan solo «un dios»

Conclusión

En este breve volumen, hemos cubierto mucho terreno, al sondear numerosos ángulos de la pregunta: «¿la Biblia enseña que Jesús es realmente Dios?». No solo he intentado mostrar *que* el Nuevo Testamento responde «sí», sino también reunir toda la evidencia para ver *cómo* brinda esta respuesta:

1. Jesús era preexistente antes de Su nacimiento humano, de manera que tenía una existencia real y espiritual en el cielo, antes de «venir» o de «ser enviado» a la tierra.

2. Tiene una relación única de «Hijo» con el Padre celestial. Su condición de Hijo trasciende lo que se solía afirmar sobre los reyes/mesías en el mundo antiguo; define la relación de Hijo con el Padre como una de engendramiento eterno.

3. Se lo llama Señor/*kyrios,* en una forma que adopta el enfoque judío del nombre divino YHWH. Como resultado, es el objeto de relecturas fascinantes del Antiguo Testamento en manos de los primeros cristianos. Específicamente, se revela plenamente que pasajes, prerrogativas y metáforas claves que se usaban en el Antiguo Testamento para Dios incorporan al Hijo. Él es (y siempre ha sido) el Dios de Israel *como Hijo.*

4. No solo *intercede,* sino que también es el *receptor* directo de la adoración religiosa (oraciones, cantos, etc.) desde el principio... incluso quizás durante Su ministerio terrenal.

5. Tiene una relación compleja con el Padre y el Espíritu Santo, de manera que Su ser divino se revela como plenamente *trinitario.*

6. Se lo llama directamente *theos* («Dios») y otros términos de exaltación en distintas partes en el Nuevo Testamento.

Esta evidencia en sí establece la respuesta a la pregunta que impulsa este libro. Sin embargo, algunos lectores tal vez se pregunten qué sucede con los otros pasajes claves que no hemos abordado aquí.

Por cierto, he guardado lo mejor para el final. Hay cuatro pasajes que reúnen todo, en especial porque combinan elementos de los capítulos anteriores: la preexistencia, la filiación divina, el uso del Antiguo Testamento, las prerrogativas divinas, la adoración, etc. Examinaré brevemente y luego demostraré cómo no solo comunican la «cristología divina» más suprema posible, sino que —cerrando el ciclo— la unen con la «cristología humana» al mismo tiempo. En otras palabras, estos pasajes claves afianzan tanto a Nicea como a Calcedonia, sirviendo como los mejores «puestos centralizados» en el Nuevo Testamento sobre la humanidad plena y la divinidad plena de Jesucristo.

Filipenses 2:6-11

En Filipenses 2:6-11, una sección crucial en esta epístola, Pablo empieza expresando con toda seguridad la plena divinidad de Jesucristo. Existía «en forma» (gr. *morphē*) de Dios y era «igual» (gr. *isa*) a Dios: es decir, desde Su preexistencia, el Hijo comparte la naturaleza o la esencia de Dios y es Su igual (Fil. 2:6). Sin embargo, no se aferró a este estado de exaltación, sino que tomó la forma de un siervo y se hizo similar a los seres humanos (2:7-8).[1]

Esta humillación culmina cuando Jesús se hizo «obediente hasta la muerte» en una cruz (2:8). Pero después de Su resurrección y ascensión, el Hijo de Dios fue exaltado al trono celestial una vez más (2:9). Aquí, Pablo da dos ejes de la plena divinidad de Jesús. Primero, se le otorga un «nombre [...] sobre todo nombre». Aunque el nombre en sí probablemente sea Señor/*kyrios* (2:11), es igual de importante ver que poseer este nombre supremo es algo que solo se puede decir de Dios en el Antiguo Testamento (por ej., Neh. 9:5; Ss. 138:2, 148:13). Segundo, Pablo aplica un pasaje de YHWH del Antiguo Testamento a Jesús en Filipenses 2:10-11, cuando escribe: «para que ante el nombre de Jesús se doble toda rodilla [...], y toda lengua confiese...». Este lenguaje está tomado directamente de Isaías 45:23, donde YHWH declara que *ante Él* «se doblará toda rodilla y toda lengua confesará» (mi trad.). Por lo tanto, la adoración que todo el mundo debe ofrecer a YHWH (según Isa. 45) ahora se debe ofrecer a Jesús, a quien debemos confesar como Señor/*kyrios* (Fil. 2:11).

En estos versículos, Pablo no podría expresar con mayor claridad que Jesucristo era y es divino en el sentido más pleno

---

1. En Fil. 2:7, aparece una cláusula difícil: «se despojó a sí mismo» (RVR1960). Algunos argumentan que el verbo (gr. *ekenōsen*) significa que Jesús de alguna manera se quitó la divinidad (la supuesta teoría de la «kénosis»), de manera que se transformó en un «antidios» cuando se encarnó. Sin embargo, un análisis más profundo indica que no se «despojó» al sustraer Su divinidad sino al añadir carne. Durante un tiempo sobre la tierra, Jesús se negó a sí mismo la plena expresión de Su esencia divina al adoptar una humanidad absoluta, de tal manera que tuvo hambre, sed, sueño, etc. Pero como ya hemos visto, retuvo toda Su divinidad incluso al vestirse con un cuerpo. En efecto, Su despojo de sí mismo es una resta mediante suma.

sino que también es plenamente humano, habiendo obtenido nuestra salvación en la carne al morir en la cruz. El arco de Cristo es bien claro: (1) exaltación (en Su preexistencia) → (2) humillación (en Su encarnación y Su muerte) → (3) exaltación (en Su resurrección y ascensión).[2] El último paso es muy importante desde el punto de vista cristológico: la muerte no podía retener a Jesús si realmente era divino.

Vale la pena notar que muchos eruditos argumentan que esta sección tal vez haya sido una antigua confesión cristiana que ya estaba en circulación antes de que Pablo la adoptara en su epístola. Si así fuera, la raíz de esta confesión suprema de Jesús como el Dios-hombre se remonta aún más atrás.

Colosenses 1:15-20

Pablo proporciona otro ángulo de Su alta cristología en Colosenses 1:15-20, un pasaje famoso que también puede ser que se remonte a un período más temprano de la iglesia. Describe al Hijo de Dios como la «imagen [gr. *eikōn*] del Dios invisible» y el «primogénito» (gr. *prōtotokos*) —es decir, el que tiene preeminencia— sobre toda la creación (1:15). Para evitar la posible malinterpretación de que «primogénito» significa que Jesús es tan solo un ser creado, Pablo sigue diciendo que este mismo Hijo es el que creó «todas las cosas» en el cielo y en la tierra (1:16) y que es «anterior a todas las cosas» (1:17). Estas son afirmaciones extremadamente significativas que declaran la preexistencia del Hijo antes de la creación de todas las cosas, y que Él es el que creó, tomando prestado lenguaje de «cielo» y «tierra» precisamente de Génesis 1. No podría ser una criatura si creó «todas las cosas». Es más, Pablo describe cómo el

---

2. El mismo arco yace detrás de la oración de Jesús en Juan 17:5, ya que Él está anticipando Su inminente muerte: «Padre, glorifícame en tu presencia con la gloria que tuve contigo antes de que el mundo existiera».

Hijo ejerce absoluta soberanía sobre toda la creación —una prerrogativa exclusiva de Dios— cuando dice que «en Él todas las cosas permanecen» (1:17, LBLA). Sin duda, no se podrían hacer estas afirmaciones sobre meros humanos.

Sin embargo, Pablo no nos deja jadeando sin aliento en medio de la inmensidad cósmica de la eternidad. Sigue describiendo cómo este mismo Hijo preexistente y creador murió y resucitó (1:18), de manera que, en la misteriosa forma que describimos en el capítulo 4, pueda incorporar a toda la iglesia a través del tiempo y el lugar como Su «cuerpo» (1:18).

Después, Pablo resume al reiterar la plena divinidad de Jesús («en Él se agradó habitar toda la plenitud», 1:19, mi trad.) y Su plena humanidad («haciendo la paz mediante la sangre que derramó en la cruz», 1:20). Por lo tanto, el arco de Colosenses 1:15-20 es el mismo que el de Filipenses 2, pero con otras palabras. El preexistente, Aquel que es Creador y Sustentador divino, también tomó forma de carne para reconciliar al hombre con Dios mediante Su muerte. Es más, este es un excelente resumen de todo el evangelio cristiano.

Hebreos 1:1-4

Si nos volvemos a Hebreos, encontramos que el autor bosqueja el mismo arco de exaltación-humillación-exaltación. Identifica a Jesucristo como el «Hijo» preeminente y el Creador de todo el mundo (Heb. 1:2). Después, describe cómo este Hijo es el «resplandor» (gr. *apaugasma*) de la gloria de Dios, así como la «fiel imagen», o el «sello» o «marca» (gr. *charaktēr*) del mismo ser de Dios (1:3). El significado exacto de este lenguaje es maravillosamente difícil de identificar,[3] pero una cosa está clara:

---

3. Un uso similar de «resplandor» se encuentra en Sab. 7:26, donde se describe cómo la «sabiduría» de Dios (gr. *sophia*) es Su «resplandor» (gr. *apaugasma*).

el autor se está esforzando por describir cómo el Hijo puede ser diferente del Padre pero compartir una única esencia divina.

El escritor sigue diciendo no solo que este Hijo es el Creador y que existe como la fiel imagen de Dios, sino que también «sostiene todas las cosas» con la sola palabra de Su poder (1:3), reflejando una vez más la soberanía exclusiva de la Deidad sobre «todas las cosas». Dicho todo esto, este mismo Hijo divino llevó a cabo «la purificación de los pecados» en la carne (1:3). Y, al igual que expresan Filipenses y Colosenses, fue una vez más exaltado a la diestra de Dios (Heb. 1:3), heredando un nombre superior incluso al de los ángeles (1:4). Después de Su humillación, el Hijo fue exaltado a Su posición legítima en el cielo.

Juan 1:1-18

Por fin nos abrimos paso al lugar donde este libro empezó: Juan 1. Aunque en otros capítulos me he referido a esto brevemente, ahora podemos examinarlo con más detalle. Mi esperanza es que ahora Juan 1 pueda verse no como un innovador caso aparte, sino como la mejor materialización de lo que el Nuevo Testamento enseña una y otra vez. En otras palabras, el Cristo divino de Juan 1 no es una idea ingeniosa que aparece solo en la cabeza de Juan, sino que se hace eco de lo que puede encontrarse en escritos de Pablo, Pedro, los Sinópticos, Hebreos, etc.

Juan empieza con la preexistencia del Hijo de Dios: «En el principio la Palabra ya existía» (1:1, NTV). Esta afirmación toma una expresión de Génesis 1:1 para dejar en claro que, cuando Dios se movió para crear el mundo «en el principio», el Hijo ya existía. No empezó a existir, sino que «ya existía». Juan aclara este punto declarando que la «Palabra» estaba «en

la presencia de [gr. *pros*]» Dios (mi trad.); y, como dije en el
capítulo 6, Juan sigue diciendo que esta «Palabra» es sin lugar
a dudas plenamente *theos*.

Pero, ¿por qué Juan usa «Palabra»? Es casi seguro que está
basándose en Génesis. Por que si examinas de cerca Génesis 1–2, descubrirás que el medio por el cual Dios crea es
Su *palabra*. No usa herramientas ni materia prima, sino que
meramente habla y las cosas empiezan a existir. Ahora, Juan
revela que este acto de habla de Dios en Génesis *es la mismí-
sima segunda persona de la Deidad,* conocida también como el
Hijo. Y si miras atrás a Génesis 1:2, descubrirás que la tercera
persona divina, el Espíritu Santo, también está presente. Juan
está versionando todo esto para dejar en claro lo que estaba
velado en Génesis. La creación de todas las cosas es un acto
absolutamente trino, pero la causa activa de la creación *es
la palabra de Dios en acción.* Entonces, Juan puede llegar a
la conclusión de que «todas las cosas» fueron creadas por la
Palabra (Juan 1:3).

Después, algo asombroso sucede: esta «Palabra» —este
Dios Hijo, que existía antes de la creación y que de hecho
creó todas las cosas como el verbo de la Deidad—, este mismo
theos «se hizo hombre y habitó entre nosotros» (1:14). Esta
es la encarnación del Dios preencarnado. Plenamente Dios:
hecho carne.[4]

Entonces, para resumir las cosas, el apóstol une los aspectos
divino y humano al afirmar que el Hijo de Dios ha «explicado»
(o «dado a conocer») al Dios invisible (1:18, mi trad.). La
encarnación de Dios en Jesucristo es la manera en que Dios
se ha revelado, expuesto, explicado o manifestado al mundo.

---

4. En un apartado parentético (Juan 1:15), Juan el Bautista declara que este Jesús
es superior a él porque existía «antes» (gr. *prōtos*) que él en el tiempo; tal vez aludiendo
a la preexistencia del Hijo.

Esa, en resumen, ha sido la enseñanza ortodoxa de la iglesia siempre, como terminó expresándose en los credos. Y viene directamente de la Escritura.

Así que, sí, Juan 1 es un excelente lugar donde probar la divinidad de Jesús.

Reflexión final

¿Qué fue lo que llevó a los primeros cristianos a sacar la conclusión de que su amigo y rabino —este Jesús humano con el cual habían caminado, cenado y viajado— era de verdad plenamente Dios, en todo el sentido de la palabra? ¿Y qué los llevó a dar el paso de adorarlo como tal?

Tal vez, haber presenciado Sus milagros (Juan 10:38; 14:11).[5] Quizás fue su encuentro con Él después de Su resurrección. Tal vez fue la variedad de maneras en que, tanto de forma directa como indirecta, Él declaró Su identidad divina durante Su ministerio. Quizás fue su comprensión transformada de las Escrituras de Israel. Tal vez fue el mismo Dios, que llamó a Su Hijo «Dios» (Heb. 1:8; comp. Sal. 45:6). Probablemente, fue una combinación de todas estas cosas.

Pero, más allá de cómo llegaron ahí, lo que tal vez hace que este fenómeno sea más intrigante es esto: el Nuevo Testamento en realidad nunca argumenta en detalle a favor de la divinidad de Jesús. En ninguna parte encontramos una larga disertación donde Pablo, Juan o cualquier otro esté específicamente

---

5. De manera intencional, he evitado colocar las obras milagrosas de Cristo al frente del debate. Por un lado, Jesús sí afirma, en Juan 10:38 y 14:11, que Sus «obras» milagrosas muestran Su cercanía con el Padre. Por otro lado, numerosas personas no divinas en el Antiguo y el Nuevo Testamento —incluidos Moisés, Elías, Eliseo, Pedro, etc.— hacen obras milagrosas. Por lo tanto, los milagros pueden implicar sencillamente que Dios está obrando, no que un ser divino esté haciéndolos directamente. Entonces, la mayoría de los milagros de Jesús por cierto prueban que es un profeta (Luc. 7:16), pero en forma aislada no necesariamente son el mejor lugar desde el cual argumentar Su plena divinidad.

intentando probar de alguna manera elaborada que Jesús es plenamente Dios y plenamente hombre. Lo más cercano a esto que encontramos son los cuatro pasajes que resumí anteriormente, pero incluso estos no están *argumentando* ni *defendiendo* esta postura. Sencillamente, hablan de sus consecuencias.[6]

Para muchos, esto es un gran problema, porque quieren encontrar algún pasaje clave en el Nuevo Testamento que pruebe de forma decisiva la divinidad de Jesús. Sin embargo, la falta de un argumento explícito es quizás el mejor argumento de todos. Los autores del Nuevo Testamento no sintieron la necesidad de probar ni defender la idea de que Jesús es Dios. *La dieron por sentada.* Era la conclusión inevitable a la que llegaban todos. Esta confesión del pleno señorío y la plena condición divina de Jesucristo fue algo que explotó de la noche a la mañana, y todos los cristianos estaban de acuerdo. Aparece por todas partes en el Nuevo Testamento, incluso en lugares que uno no esperaría. Era el aire que respiraban.

Por lo tanto, la cristología más temprana no es que Jesús era un hombre y luego fue promovido. La cristología más temprana no dice que Jesús era un espíritu angelical que tomó forma humana. La cristología más temprana es la más alta y la más baja y todo lo que está en el medio: en Jesucristo habita toda la plenitud de Dios corporalmente. El hombre Jesús es verdaderamente Dios.

---

6. Por ejemplo, la enseñanza clarísima sobre la deidad de Jesús en Fil. 2:6-11 en realidad apunta a exhortar a los cristianos de Filipos a buscar una mayor humildad unos con otros (2:1-5). Incluso la majestad de Juan 1:1-18 apunta a darles a los cristianos una seguridad respecto al amor de Dios expresado al hacerlos «hijos de Dios» (1:12).

Bibliografía seleccionada

Bates, Matthew W. *The Birth of the Trinity: Jesus, God, and Spirit in New Testament and Early Christian Interpretations of the Old Testament.* Oxford: Oxford University Press, 2015.

Bauckham, Richard J. *Jesus and the God of Israel: God Crucified and Other Studies on the New Testament's Christology of Divine Identity.* Grand Rapids, MI: Eerdmans, 2008.

Bauckham, Richard J. «The Throne of God and the Worship of Jesus». En *The Jewish Roots of Christological Monotheism: Papers from the St. Andrews Conference on the Historical Origins of the Worship of Jesus*, editado por Cary C. Newman, James R. Davila, y Gladys S. Lewis, 43-69. Supplements to the Journal for the Study of Judaism 63. Leiden: Brill, 1999.

Bird, Michael F. *Are You the One Who Is to Come? The Historical Jesus and the Messianic Question.* Grand Rapids, MI: Baker Academic, 2009.

Bird, Michael F. *Jesús el eterno Hijo de Dios: Una respuesta a la cristología adopcionista.* Salem Oregón: Publicaciones Kerigma, 2018.

Bird, Michael F., Craig A. Evans, Simon J. Gathercole, Charles E. Hill, y Chris Tilling. *How God Became Jesus: The Real Origins of Belief in Jesus' Divine Nature; A Response to Bart D. Ehrman.* Grand Rapids, MI: Zondervan, 2014.

Bullard, Collin. *Jesus and the Thoughts of Many Hearts: Implicit Christology and Jesus' Knowledge in the Gospel of Luke. Library of New Testament Studies* Londres: T&T Clark, 2015.

Capes, David B. *The Divine Christ: Paul, the Lord Jesus, and the Scriptures of Israel.* Grand Rapids, MI: Baker Academic, 2018. Carrell, Peter. Jesus and the Angels: Angelology and the Christology of the Apocalypse of John. Society for New Testament Studies Monograph Series 95. Cambridge: Cambridge University Press, 2005.

Collins, Adela Yarbro, y John J. Collins. *King and Messiah as Son of God: Divine, Human, and Angelic Messianic Figures in Biblical and Related Literature.* Grand Rapids, MI: Eerdmans, 2008.

Crowe, Brandon D., y Carl R. Trueman, eds. *The Essential Trinity: New Testament Foundations and Practical Relevance.* Phillipsburg, NJ: P&R, 2017.

Fee, Gordon. *Pauline Christology: An ExegeticalTheological Study.* Peabody, MA: Hendrickson, 2007.

Gathercole, Simon J. *The Preexistent Son: Recovering the Christologies of Matthew, Mark, and Luke.* Grand Rapids, MI: Eerdmans, 2006.

Gieschen, Charles A. *Angelomorphic Christology: Antecedents and Early Evidence.* Arbeiten zur Geschichte des antiken Judentums und des Urchristentums 42. Leiden: Brill, 1998.

Grindheim, Sigurd. *God's Equal: What Can We Know about Jesus' Self-Understanding in the Synoptic Gospels. Library of New Testament Studies* 446. Londres: T&T Clark, 2011.

Hays, Richard B. *Echoes of Scripture in the Gospels.* Waco, TX: Baylor University Press, 2016.

Hengel, Martin. *Between Jesus and Paul: Studies in the Earliest History of Christianity.* Traducido por John Bowden. Londres: SCM, 1983.

Hengel, Martin. *Studies in Early Christology*. Edinburgh: T&T Clark, 1995.

Henrichs-Tarasenkova, Nina. *Luke's Christology of Divine Identity*. Library of New Testament Studies 224. Londres: T&T Clark, 2015.

Hill, Wesley. *Paul and the Trinity: Persons, Relations, and the Pauline Letters*. Grand Rapids, MI: Eerdmans, 2015.

Hurtado, Larry W. *Honoring the Son: Jesus in Earliest Christian Devotional Practice*. Bellingham, WA: Lexham, 2018.

Hurtado, Larry W. *¿Cómo llegó Jesús a ser Dios? Cuestiones históricas sobre la primitiva devoción a Jesús*. Ediciones Sígueme, 2013.

Hurtado, Larry W. *Señor Jesucristo: La devoción a Jesús en el cristianismo primitivo*. Ediciones Sígueme, 2008.

Hurtado, Larry W. *One God, One Lord: Early Christian Devotion and Ancient Jewish Monotheism*. Londres: SCM, 1988.

Irons, Charles Lee. «A Lexical Defense of the Johannine "Only Begotten"». En *Retrieving Eternal Generation*, editado por Fred Sanders y Scott R. Swain, 98-116. Grand Rapids, MI: Zondervan, 2017.

Köstenberger, Andreas J., y Scott R. Swain. *Father, Son and Spirit: The Trinity and John's Gospel. New Studies in Biblical Theology* 24. Downers Grove, IL: InterVarsity Press, 2008.

Lanier, Gregory R. «Luke's Distinctive Use of the Temple: Portraying the Divine Visitation». *Journal of Theological Studies* 65, n.° 2 (2014): 433-62.

Lanier, Gregory R. *Old Testament Conceptual Metaphors and the Christology of Luke's Gospel. Library of New Testament Studies* 591. Londres: T&T Clark, 2018.

Lee, Aquila H. I. *From Messiah to Preexistent Son: Jesus' Self-Consciousness and Early Christian Exegesis of Messianic*

Psalms. Wissenschaftliche Untersuchungen zum Neuen Testament, 2nd ser., vol. 192. Tübingen: Mohr Siebeck, 2005.

Lozano, Ray M. *The Proskynesis of Jesus in the New Testament: A Study on the Significance of Jesus as an Object of προσκυνέω in the New Testament Writings*. Library of New Testament Studies 609. Londres: T&T Clark, 2020.

Macaskill, Grant. *Revealed Wisdom and Inaugurated Eschatology in Ancient Judaism and Early Christianity. Supplements to the Journal for the Study of Judaism* 115. Leiden: Brill, 2007.

McCready, Douglas. *He Came Down from Heaven: The Preexistence of Christ and the Christian Faith*. Downers Grove, IL: InterVarsity Press, 2005.

Müller, Mogens. *The Expression "Son of Man" and the Development of Christology: A History of Interpretation*. Nueva York: Routledge, 2014.

Peppard, Michael. *The Son of God in the Roman World: Divine Sonship in Its Social and Political Context*. Oxford: Oxford University Press, 2011.

Rowe, C. Kavin. *Early Narrative Christology: The Lord in the Gospel of Luke*. Beihefte zur Zeitschrift für die neutestamentliche Wissenschaft 139. Berlin: de Gruyter, 2006.

Scott, Matthew. *The Hermeneutics of Christological Psalmody in Paul: An Intertextual Enquiry. Society for New Testament Studies Monograph Series* 158. Cambridge: Cambridge University Press, 2014.

Stuckenbruck, Loren. *Angel Veneration and Christology: A Study in Early Judaism and in the Christology of the Apocalypse of John*. Wissenschaftliche Untersuchungen zum Neuen Testament, 2nd ser., vol. 70. Tübingen: Mohr Siebeck, 1995.

Tait, Michael. *Jesus, the Divine Bridegroom, in Mark 2:11-22: Mark's Christology Upgraded*. Analecta Biblica 185. Roma: Gregorian and Biblical Press, 2010.

Tilling, Chris. *Paul's Divine Christology*. Grand Rapids, MI: Eerdmans, 2015.

Waaler, Erik. *The Shema and the First Commandment in First Corinthians: An Intertextual Approach to Paul's ReReading of Deuteronomy*. Wissenschaftliche Untersuchungen zum Neuen Testament, 2nd ser., vol. 253. Tübingen: Mohr Siebeck, 2008.

Índice general

Índice escritural

EL TEMA DE LA DIVINIDAD DE JESÚS ha estado en el epicentro del debate teológico desde la iglesia primitiva. En el Primer Concilio de Nicea en 325 d.C., los padres de la iglesia afirmaron que Jesús es «Dios verdadero de Dios verdadero». Hoy, creencias como esta se confiesan mediante credos en iglesias de todo el mundo; sin embargo, sigue habiendo confusión sobre quién es Jesús.

Greg Lanier, erudito del Nuevo Testamento, va a las ricas raíces de cristología doctrinal mediante las Escrituras, explicando seis maneras en que la Biblia muestra la divinidad de Jesús. A medida que descubras la abrumadora evidencia bíblica sobre la divinidad de Cristo, serás conducido a la conclusión inevitable de que el hombre Jesucristo es más que una simple nota al pie en la historia... es verdaderamente Dios.

. . . .

«Este libro logra dos cuestiones sorprendentes: refuerza sólidamente la convicción cristiana en Jesús como Dios reuniendo la evidencia más actual, y también modela de manera provechosa nuestra manera de hablar sobre Jesús como Dios».

Fred Sanders, profesor de teología, Universidad Biola; autor, *The Deep Things of God*

«Greg Lanier desarrolla el rico trasfondo trinitario dentro del cual el Antiguo y el Nuevo Testamento presentan a Jesús como el Hijo divino de Dios».

SCOTT R. SWAIN, autor, *The Trinity*; coeditor, *The Oxford Handbook of Reformed Theology*

. . . .

«Este libro sucinto presenta una cristología trinitaria sólida que preparará a los creyentes y nos guiará a deleitarnos más en nuestro Señor».

AIMEE BYRD, autora, *Theological Fitness* y *No Little Women*

· · · · · · · · · · · · ·

El **DR. GREG LANIER** (Universidad de Cambridge) es profesor asociado de Nuevo Testamento en el Seminario Teológico Reformado en Orlando y presta servicio como pastor asociado en la iglesia River Oaks (PCA). Ha publicado muchos libros y artículos intelectuales sobre cristología temprana, los Evangelios, la Septuaginta y otros temas. Greg y su esposa, Kate, viven en Florida con sus tres hijas.